图说名人

《图说名人》编委会　编著

伽利略

现代科学之父

Jialilue

Xiandai Kexue Zhifu

南海出版公司

图书在版编目（CIP）数据

现代科学之父——伽利略 / 《图说名人》编委会编著. -- 海口 ：南海出版公司，2015.9（2024.8重印）

ISBN 978-7-5442-7964-2

Ⅰ. ①现… Ⅱ. ①图… Ⅲ. ①伽利略，G.（1564～1642）-传记 Ⅳ. ①K835.466.1

中国版本图书馆CIP数据核字（2015）第204914号

XIANDAI KEXUE ZHIFU——JIALILUE

现代科学之父——伽俐略

编　　著 《图说名人》编委会
责任编辑 张蕾
出版发行 南海出版公司　电话：（0898）66568511（出版）
（0898）65350227（发行）
社　　址 海南省海口市海秀中路51号星华大厦五楼　　邮编：570206
电子信箱 nhpublishing@163.com
经　　销 新华书店
印　　刷 天津旭丰源印刷有限公司
开　　本 787毫米×1092毫米　1/16
印　　张 7
字　　数 80千
版　　次 2015年12月第1版　　2024年8月第3次印刷
书　　号 ISBN 978-7-5442-7964-2
定　　价 36.00元

前言 TUSHUOMINGREN

伽利略·伽利莱（Galileo Galilei，1564—1642），意大利伟大的物理学家、天文学家和哲学家，近代实验科学的先驱者。伽利略开创了以实验事实为基础并具有严密逻辑体系和数学表述形式的近代科学。他为推翻以亚里士多德为旗号的经院哲学对科学的禁锢、改变与加深人类对物质运动和宇宙的科学认识而奋斗了一生，因此被誉为“近代科学之父”。

伽利略在1572年开始上学，1575年随家迁居佛罗伦萨，并进入修道院学习。1589年，他被聘为比萨大学的数学教授。

1590年，伽利略在比萨斜塔上做了“两个铁球同时落地”的著名实验，从此推翻了亚里士多德“物体下落速度和重量成比例”的学说，纠正了这个持续了1900年之久的错误结论。1610年1月7日，伽利略发现了木星的4颗卫星，为哥白尼学说找到了确凿的证据，标志着哥白尼学说开始走向胜利。借助于望远镜，伽利略还先后发现了土星光环、太阳黑子、太阳的自转、金星和水星的盈亏现象，以及银河是由无数恒星组成等等。这些发现开辟了天文学的新时代。伽利略著有《星际使者》《关于太阳黑子的书信》《关于托勒密和哥白尼两大世界体系的对话》和《关于两门新科学的谈话和数学证明》。

为了纪念伽利略的功绩，人们把木卫一、木卫二、木卫三和木卫四命名为伽利略卫星。

人们争相传颂：“哥伦布发现了新大陆，伽利略发现了新宇宙。”

爱因斯坦曾这样评价：“伽利略的发现，以及他所采用的科学推理方法，是人类思想史上最伟大的成就之一，而且标志着物理学的真正开端！”

目录

CONTENTS

与生俱来的天赋

美好人生的开始

科学研究的春天

41

暴风骤雨的来临

75

悲惨离合的晚年

89

教堂里摆动的吊灯

伽利略在1564年2月15日出生于意大利西海岸比萨城一个破落的贵族之家。据说他的祖父是佛罗伦萨很有名望的医生，但是到了他的父亲凡山杜这一代，家境日渐衰落。凡山杜是个很有才华的作曲家，生前出版过几本牧歌和器乐作品；他的数学也很好，还精通希腊文和拉丁文，但是美妙的音乐不能填饱一家人的肚皮，他的数学才能也不能给他谋到一个好职位。伽利略出生不久，凡山杜在离比萨城不远的佛罗伦萨开了一间卖毛织品的小铺子，这完全是不得已的办法，但是为了维持一家人的生活，凡山杜只好违背自己的意愿去经商。这个时候的省城正由美第奇家族的银行家兼威尼斯商业巨子统治着。

伽利略出生后，他父亲愈发对这个开设在佛罗伦萨的小小羊毛商店感到乏味。他的儿女们怎会知道，他们的父亲脾气日见暴躁，对孩子们那样没有耐心，是由于他对前途的害怕和绝望造成的。他害怕穷困，他和孩子们住在这样一种外表还算很好的石建屋宇中，里面却空气沉闷、潮湿得像地窖。每当他在街道上撞见一些贫苦乞丐时，心里会不禁地战栗，幻想着自己和儿女可能有一天也要步入靠乞讨面包来生活的悲惨境地。

于是，悲伤失望的乐师终于鼓起勇气来，希望他的长子有一天能重振门楣。他给孩子取的名字叫

图　说　名　人

名人名言

真理就是具备这样的力量，你越是想要攻击它，你的攻击就愈加充实和证明了它。

——伽利略

"伽利略"，即使是在现在的佛罗伦萨，这位物理学家的名字仍是十分响亮有名的。给小孩取一个这样响亮的名字，象征着美好的事业前途。他常会以此向他的妻子炫耀，可是，总是换来一阵耸肩的揶揄。

小伽利略是凡山杜的长子，父亲对儿子寄予很大希望。在他出生那年，父亲便有意把他那没前途的旧商店关闭，让他的长子来维持生计。他发现，小伽利略非常聪明，从小对什么事物都充满强烈的好奇心，不仅如此，这个孩子心灵手巧，似乎永远闲不住，不是画图画，就是弹琴，而且时常给弟弟妹妹做许多灵巧的机动玩具，玩得十分开心。

小伽利略最初进了佛罗伦萨修道院的学校。在这所学校，他专心学习哲学和宗教，有段时间，小伽利略很想将来当一个献身教会的传教士。凡山杜听到这个情况后，立即把儿子带回家，劝说伽利略去学医，这也是他为儿子的未来早已设计好的一条路。

17岁那年，伽利略进了著名的比萨大学，按照父亲的意愿，当了医科学生。这位矮壮的学生，悲苦地独自走进昏暗、静寂的教堂，心中思索着父亲早期对他的期望。

他父亲在教他玩风琴和笛子的时候，曾大声而惊异地说："看你这个音乐天才，有一天，你会成为多斯卡尼大公爵宫廷里最受喜爱的音乐师，不会像你爸爸，只能玩玩自己听。"

伽利略还记得他妈妈喃喃地抱怨："音乐能够给你更多的面包吗?"

但年轻的伽利略梦想成为一位画家。他早期的绘画，在这充满着艺术宝藏的佛罗伦萨城里，曾经得

※佛罗伦萨城市景观

※意大利有着丰富的美食

过嘉奖。达恩波就曾亲自把画拿来请伽利略做评析，他说他所有的画都受到了伽利略透视观的影响。

有一天晚上，伽利略的父亲将商店的布匹清理完毕，对妻子说：“假如我们的儿子真的终身从事艺术，那真是一个幸运的好兆头！他出生的地方，也就是达·芬奇（Da Vinci，1452—1519，意大利画家、雕刻家、建筑师、工程师及科学家)出生不远的地方。你该还记得，姬利，我们的伽利略出生的那个月份，正是米开朗琪罗(Michelangelo，1475—1564，文艺复兴时期意大利最著名的雕刻家、画家及建筑家)去世的那个月。”

他的妻子一面数着柜台下面铁盒子里很少的几个银币，一面低头轻蔑地偷笑。

见太太没说话，他又解释说：“你是对的，除非他成为下一个米开朗琪罗，或者下一个拉斐尔(Raphael，1483—1520，意大利画家及建筑家)，或者下一个本威努托·切利尼(Benvenuto Cellini，1500—1571，意大利的雕刻家及金匠)，不然，他会和我一样，需要辛苦一辈子才能维持生活。”

伽利略仍记得当时他老坐在店角落里的一张长背靠椅上，闻到从敞开的大门吹进来的街道气味，这里早该有场大雨将街上的脏味冲洗到亚诺河里。当他听到他父亲柔和声音中带着的倦意，看到他褴褛上衣里无力而下垂的双肩时，伽利略感到一阵懊悔的刺痛。他沉浸于自己的梦想中：他卖掉了他从早到晚修补出来的一些发明的小玩意，带回一小袋子的金币，倾倒在母亲的膝盖上。也许，这时候母亲不会再抱怨。他会告诉她，替她自己买一件新衣，替妹妹们买几双鞋子，当然，还有替她最喜爱的、还在蹒跚学步的小儿子买一些糖梅子。

伽利略很小的时候就已经会替自己设计试做一些小玩具，然后装上转盘和滑轮，这些小玩意经常吸引弟妹们抢着拿走，甚至他父亲也称赞他的天赋。

他父亲告诉他说："你该在100年以前出生才是，孩子，你该是属于文艺复兴时代的儿童。在那黄金时代，一个人必须是音乐家、诗人、巧匠。他能演奏自己的曲子，能像切利尼一样雕塑自己的像，或者像达·芬奇那样调制自己的绘画。前几天有一个旅行者在米兰看到达·芬奇的《最后的晚餐》，他告诉我说，由于墙壁有些潮湿，那幅画的光彩已有些褪色。是的，上帝给了达·芬奇比一般人更多的天赋，他也的确比一般人更能接受它的赐予，他懂机械，也懂解剖和艺术，他发明了战争机器……"

伽利略插嘴说："等我长大了，我会发明更伟大的东西。"

他父亲立即叱责着说："你这样夸大，我真该打你一耳光。"可是他马上又温柔微笑地拍着伽利略长着金黄色头发的脑袋说："你有很纤巧的手指，孩子，但你不必学习达·芬奇的虚荣。当然，他获得了财富与荣誉，但他有恶魔般的自负，像撒旦一样，他的自负受到惩罚。虽然法国皇帝在他临死时给了他安慰，但达·芬奇是远离我们美丽的佛罗伦萨而死去的，这是他光

※达·芬奇代表作——《蒙娜丽莎》

知识链接

切利尼

本威努托·切利尼，出生于1500年，死于1571年，意大利雕塑家、金银工艺师、作家。他十分崇拜米开朗琪罗。在他的宇宙观里，保持了许多来源于文艺复兴时期的个人主义因素。

切利尼是文艺复兴时期艺术中的风格主义的代表人物。他的金银工艺品：为法国国王法兰西一世制作的盐罐（1539—1543）与珀耳修斯雕像（1545—1554)是世界上最著名的工艺品之一。此外，他还被认为是一位不大用阴影的真实主义画家。

他受到罗马教皇、佛罗伦萨大公、法国国王的高度评价。他是风格主义雕塑中装饰派的代表人物，是当时主张恢复雕塑作品中英雄气概的唯一一位艺术家。

16世纪二三十年代，他作为珠宝工艺师，在教皇宫廷里工作，他出色地掌握了文艺复兴时期小型雕像的传统。16世纪40年代，风格主义占了上风。1540年，他应邀去法国，1545年回到佛罗伦萨后完全献身于雕塑工作，他的创作探索超出了佛罗伦萨风格主义流派追求的范围。他以米开朗琪罗的思想作为依据，力图解决雕塑在空间中扩大形体的动态，同时在欣赏时可以采取环形巡视的形式。如1548年他创作的柯西莫一世胸像就是针对这一课题所作的努力的实例。

在当时佛罗伦萨风格主义所不屑一顾的英雄形象的塑造在他的创作活动中占有重要的地位。他的杰出作品《斩梅杜萨的珀耳修斯》就是一成功范例。从他预先准备的小构图上，也可以看出他逐步构思的经过，第一个蜡制小构图由于富有诗意而使其余变形构图相形见绌，在这一构图上，他力图使形象具有慷慨激昂的味道，从而取得了成功。

这尊珀耳修斯雕像是继米开朗琪罗之后，在意大利纪念性雕像中的又一杰出作品。切利尼成功地塑造了内心世界异常丰富、沉着宁静、潇洒豪迈的胜利者形象。他使高举着梅杜萨头颅的珀耳修斯的姿态和手势从容不迫，并有一种内在的威力。将底座处理成珠宝工艺似的精细形式，以及把被砍下头的梅杜萨尸体的姿态的塑造都故意进行一些复杂的安排，用以加强轮廓和造型对比程度。总体造型显得生气勃勃，使珀耳修斯雕像洋溢着一种文艺复兴时代雕塑的特有生命力。不足之处在于空间布局有些复杂，它影响了表现力的发挥，这与他当时和风格主义理想的艺术原则彻底断绝关系的软弱无力有关。

他的自传《致命的百合花》写于1558—1566年间，最早的版本于1728年出版，但在19世纪初期前，此书还不曾为意大利以外的其他国家所知。直到最近的100年，这本自传才得享盛名。

尽管作者在文中自我吹嘘，并存在不少的偏见，但该书对16世纪统治者与他们的人民的生活方式及伦理道德，比其他书介绍得更加生动，更有说服力。切利尼的朋友与敌人来自于社会的各个阶层。他在书中迅速地、接二连三地向我们介绍一些栩栩如生的人物：小旅馆老板、妓女、音乐家、作家、商人、士兵、红衣主教与公爵。这些人物是切利尼所描写的这个世界中各个阶层的主角。他自己是一座圆雕，而他所描写的男人与女人则是浮雕或浅浮雕。

在阅读他的这本自传的时候，读者可以不必掌握关于16世纪的材料，就能很好地了解切利尼这个人及其所叙述的惊险经历。这本自传本身就是历史文献的再现，其中描述了诸如罗马监狱的各种情况，佛罗伦萨人被流放的事件，或法国国王法兰西一世与其情妇的关系。除了他对美第奇家族的忠心，以及一些偶尔的、颇为明智的评论以外，切利尼总是回避政治，似乎政治与己无关。虽然他信笔而书，但他要写的是自己生活中的故事，而不是他所处时代的历史。

然而在他的一生中，当时的政治变动是非常频繁的。起初，佛罗伦萨共和国曾被政变所推翻，美第奇家族恢复对佛罗伦萨的统治，然后被逐，后来又返回；罗马被神圣罗马帝国的军队所洗劫；教皇没有信心地发动反宗教改革运动；欧洲大陆被宗教战争与各个王朝的战争搞得四分五裂。

晚年的切利尼遭到了宫廷的冷遇，他几乎完全献身于文学和理论工作，对自己的理想非常失望，悲观沮丧，这在他晚期的作品中也是有所反映的。

※托马斯·阿奎纳

荣一生的最后悲剧！”

他父亲摇着头，悲叹着佛罗伦萨的儿女们客死异地的惨剧。他庆幸着自己的远房亲戚以家乡为重，从事羊毛生意，兴盛发达，并统治着多斯卡尼省区，虽比不上相竞争的邻城威尼斯，也胜过罗马。

他继续说道：“自负和不恭不敬的好奇，使达·芬奇堕落。这并不是说，像你一样喜欢发问、喜欢怀疑是坏事。”他接着很快地又改正说：“在我年轻的时候，我也一样好疑多问，我有时甚至怀疑我的祖先和长辈的智慧。但是，一个人逐渐长大时，就会慢慢地开始满意前辈人世世代代传下来的真理。”

伽利略突然说：“爸，我长大了，我要做一个像达·芬奇一样的发明家。”

他父亲接着说道：“那么，你该学习抑制你的野心——那种连达·芬奇也做不到的野心。我好像曾经告诉过你，他研究鸟类飞行，甚至敢制造一个飞行机器，是上帝怜惜他，没有让他从那可怜而脆弱的东西上摔下来。他想学伊卡尔斯飞向太阳，像达·芬奇这样的人才，怎会有这种使人飞行的想法?”

“也许，”伽利略自豪地说，“我长大以后，会做出一个飞行的机器来。”

他父亲听到这里，有些生气了。这孩子如今竟也一点不知道尊重父亲的意见。他很想给他儿子一个耳光。

对这样的孩子又该怎么处理?他应该好好读书，让一位有智慧的老师启蒙，引领他对学识的尊敬。为什么不把这傲慢的孩子送到瓦隆布罗萨的修道院去训练呢?那里的教士神父专精于亚里士多德（Aristotle，公元前384—公元前322，希腊的大哲学家）和托马斯·阿奎纳（Thomas Aquinas，1225—1274，意大利神学家）的学问，定能改正伽利略的妄想，而使他走上较好的研究学问的道路。

这个计划好像相当成功。伽利略的思维敏捷，记忆力好，很快就赢得修道院老师的喜爱。他的双手不再急于活动创造，他充满渴望的脑子不再发问，他一心一意地吸取神父们摆在他眼前的经典书籍中的知识。伽利略高兴地说：“我多么幸运，生长在印刷术发明之后！在过去的时代中，古人的教诲必须写在卷轴上，只有很少的人能读到和研究。我要读尽这些已写下来的书籍，如此，我可以获得世上万事万物的道理。”

伽利略对这种读书生活十分着迷，他决心要做修道院士。他什么也不想，就只想在这瓦隆布罗萨安静的图书馆里度过这一生。或者，在这充满了松树、胡桃树芬芳空气的公园中散步，像这些树木一样，守卫在这与喧嚣世界完全隔绝的地方。

伽利略的父亲虽然也是虔诚的教徒，但对这个极有天赋的儿子，却另有打算：像伽利略这样才华横溢的年轻人，一定可以很快进入上流社会，可能成为大主教，甚至红衣主教，光耀门楣，重振家声；但他也知道，这孩子虽然现在沉浸在典籍中，静静地接受修道院的教育，他也可能突然间恢复他以前所拥有的那些狂妄野心。

他感到忧虑，这孩子会不会回想起，以前长时间从事的那些小玩意的发明和贩卖？他会对他现在正急于汲取的知识产生怀疑吗？以他缺乏修养的态度和顽固的个性，他会尽力培养政治才情以求显达吗？他会和对他极有影响力的那些教士前辈发生争执从而最终妨碍他的升迁吗？也许他会满足，愿意终生留在这教士学者的职位，做研究和教授的工作。

作为父亲，他所盼望的老年宁静生活是怎样的？谁来负责女儿的妆奁？谁来供给以后小儿子米盖的训练费用？米盖在音乐上的天才显然已超越了他这个做父亲的。

他指示儿子说：“孩子，我不许你当教士。明天你和我回佛罗伦萨去！”

黄昏使教堂变得黯然无光，伽利略在黑暗中沉思着，他记起父亲的话语。

“可是，爸爸，假如我不做教士和终身从事研读，那我还有什么事可做？”

“我已经为你的前途考虑了很久，你常听我说过替你取伽利略这名字的经过。我为什么替你取这么响亮的名字，你一定知道的。”

盖伦画像

他父亲严肃地继续着说，他和他同时代的人一样，十分相信占星学，“你在星象上注定是一个出色的医生。你去学医，一定会成名和富有的。”

伽利略的父亲总算为他儿子筹集了足够的钱，让他去比萨大学念医科。可是，从一开始，伽利略就反对学医。也许，这反对是根源于对父亲顽固的权威的抗议。他虽从小就显示出一副科学的头脑，但他一直对在当时即使是最有名望的医生使用的那种行医方法和迷信感到厌恶。

伽利略愤怒地思考着：“只是死板学习古代权威希波克拉底(Hippocrates，约公元前460—公元前377，希腊医生，有“医学之父”之称)和盖伦(Galen，129—199，古希腊名医及有关医术的作家)的医术，却不鼓励学生去做实验，不让他们自己去发现事实真相，这种学术课程，有什么意义?”

解剖课程的内容什么意思都没有，只是先由一个教授照本宣科地说明器官的组织，另一教授再加以讲解，然后由几名高年级学生帮忙，教授解释一下摆在前面的肢体。伽利略试图尽心去听讲，但他学士服长袖下面的手指蠢蠢欲动，为什么不允许他使用这解剖刀呢?

受人尊敬的医师仍旧用捣碎的独角兽兽角粉末来医治中毒病患。教授认真地以某些黄道带符号来解释身体器官的组成，讲述某些药草必须与这些符号配合运用。伽利略听了以后，对他们失去了信心，失去了尊敬。唯一使伽利略感到安慰的是，这里的课程当中，有一部分是他曾在瓦隆布罗萨时所接触过的哲学研究。

伽利略对数学也极为感兴趣，他要求他的父亲允许他放弃那些医学课程，让他专心念他喜欢的科目。但是他父亲极力地反对。父亲说：“为什么上帝给我一个蠢物做儿子?我没有要你在家替我看店，我为你安排我自己从未享有的机会去接受最好的教育，你竟放弃，还想

知识链接

希波克拉底

希波克拉底约在公元前460年出生于古希腊，被西方尊为“医学之父”，是欧洲医学奠基人，西方医学奠基人。希波克拉底提出“体液学说”，认为人体由血液、黏液、黄胆和黑胆四种体液组成，这四种体液的不同配合使人们有不同的体质。他把疾病看作发展着的现象，认为医师所应医治的不仅是病而且是病人，从而改变了当时医学中以巫术和宗教为根据的观念。他主张在治疗上注意病人的个性特征、环境因素和生活方式对患病的影响。他重视卫生饮食疗法，但也不忽视药物治疗，尤其注意对症治疗。他对骨骼、关节、肌肉等都很有研究。他的医学观点对以后西方医学的发展有巨大影响。希波克拉底卒于公元前377年，享年83岁。

希波克拉底出生于小亚细亚科斯岛的一个医生世家，祖父、父亲都是医生，母亲是助产士。在古希腊，医生的职业是父子相传的，所以希波克拉底从小就跟随父亲学医。父母去世后，他在希腊、小亚细亚、里海沿岸、北非等地一面游历，一面行医，从而增长了知识，接触了民间医学。

那时，古希腊医学受到宗教迷信的禁锢。巫师们只会用念咒文、施魔法的方式，通过祈祷来为人治病。这自然是不会有什么疗效的，病人不仅被骗去大量钱财，而且往往因耽误病情而死去。

公元前430年，雅典发生了可怕的瘟疫，许多人突然发烧、呕吐、腹泻、抽筋、身上长满脓疮、皮肤严重溃烂，患病的人接二连三地死去。没过几日，雅典城中便随处可见来不及掩埋的尸首。对这种索命的疾病，人们避之唯恐不及，但此时希腊北边马其顿王国的一位御医，却冒着生命危险前往雅典救治。他一面调查疫情，一面探寻病因及解救方法。不久，他发现全城只有一种人没有染上瘟疫，那就是每天和火打交道的铁匠。他由此设想，或许火可以防疫，于是在全城各处燃起火堆，扑灭了瘟疫。这位御医便是希波克拉底。

希波克拉底指出的癫痫病的病因被现代医学认为是正确的，他提出的这个病名，也一直沿用至今。希波克拉底对骨折病人提出的治疗方法，是合乎科学

※希波克拉底雕像

道理的。为纪念他，后人将用于牵引和其他矫形操作的臼床称为“希波克拉底臼床”。

为了抵制“神赐疾病”的谬说，希波克拉底积极探索人的肌体特征和疾病的成因，提出了著名的“体液学说”。他认为复杂的人体是由血液、黏液、黄胆、黑胆这四种体液组成的，四种体液在人体内的比例不同，形成了人的不同气质：性情急躁、动作迅猛的胆汁质；性情活跃、动作灵敏的多血质；性情沉静、动作迟缓的黏液质；性情脆弱、动作迟钝的抑郁质。人之所以会得病，就是由于四种液体不平衡造成的。而液体失调又是外界因素影响的结果。所以他认为一个医生进入某个城市首先要注意这个城市的方向、土壤、气候、风向、水源、水质、饮食习惯、生活方式等等这些与人的健康和疾病有密切关系的自然环境。

现在看来，希波克拉底对人气质的成因的解释并不正确，但他提出的气质类型的名称及划分，却一直沿用至今。那时，尸体解剖为宗教与习俗所禁止，希波克拉底勇敢地冲破禁令，秘密进行了人体解剖，获得了许多关于人体结构的知识。在他最著名的外科著作《头颅创伤》中，详细描绘了头颅损伤和裂缝等病例，提出了施行手术的方法。其中关于手术的记载则是非常精细的，所用语言也非常确切，足以证明这是他亲身实践的经验总结。

有一次，一个病人下腹部绞痛，小便不畅，来找希波克拉底治疗。希波克拉底诊断后，对病人家属说，病人出现这种症状，是由于饮用不洁净的水导致的。这种不洁的水在尿道中逐渐凝结起来，不断地增大变硬，引起剧烈的疼痛；同时堵塞尿道，导致小便不畅。因此，要饮用清洁的水。希波克拉底所说的病，就是尿道结石。他对这种病成因的解释，与近代科学的解释非常相似。

长期的医疗实践和理论研究，使希波克拉底积累了丰富的医学经验。他发现，人在40—60岁之间最容易发生中风；发生黄疸的时候，如果肝变硬，那么预后是不良的；人死亡前，指甲发黑，手脚发冷，嘴唇发青，耳冷且紧缩，眼睛模糊。其中对垂危病人面容的具体描述，被后人称为“希波克拉底面容”。

遗传学方面，希波克拉底也形成了其独特的观点：首先，他认为遗传有物质基础，而且是以看不见的颗粒形式（“种子”）传递的。其次是泛生论，即认为身体的每个部位都提供了遗传颗粒。遗传物质来自于整个肉体。再次是后天获得性能够遗传。这个观念常常与18—19世纪的法国博物学家拉马克联系在一起。其实这是一个很古老的观念。在这些观念中，颗粒性遗传是正确的，而泛生论和后天获得性遗传则是错误的。后两者其实是不可分的，如果相信后天获得性颗粒能够遗传（从前的人或多或少都相信），那么只能用泛生论来解释。

此外，在他的题为《箴言》的论文集中，记录了许多关于医学和人生方面的至理名言，如“人生短促，技艺长存”“机遇诚难得，试验有风险，决断更可贵”“暴食伤身”“无故困倦是疾病的前兆”“简陋而可口的饮食比精美但不可口的饮食更有益”“寄希望于自然”等，这些经验之谈脍炙人口，至今仍给人以启示。

古代西方医生在开业时都要宣读一份有关医务道德的誓词：“我要遵守誓约，矢志不渝。对传授我医术的老师，我要像父母一样敬重。对我的儿子、老师的儿子以及我的门徒，我要悉心传授医学知识。我要竭尽全力，采取我认为有利于病人的医疗措施，不能给病人带来痛苦与危害。我不把毒药给任何人，也决不授意别人使用它。我要清清白白地行医和生活。无论进入谁家，只是为了治病，不为所欲为，不接受贿赂，不勾引异性。对看到或听到不应外传的私生活，我决不泄露。”这个医道规范的制定者就是希波克拉底。1948年，世界医协大会对这个誓言加以修改，定名为《日内瓦宣言》，后来又通过决议，把它作为国际医务道德规范。由此可见希波克拉底对后世的伟大贡献。

作为西方医学之父，希波克拉底的贡献不仅是制定了医生必须遵守的道德规范，而且在医学观点和医疗实践方面，都对以后西方医学的发展有巨大的影响。

※伽利略

去研究数学！数学，不要提！这门学科没有人重视，我已经听说你的大学里根本没有一位教这门学科的教授。实际上，你的数学是站在走廊上偷听那位从里西来的宫廷数学家替小公爵授课学来的。明天我就要去告诉那位皇家教师，让他把你从那个地方赶得远远的。”

他的父亲真的做到了。伽利略无可奈何，只有在没有老师的情况下，研究自己喜爱的课程。他逐渐放弃了医学研究。他每次在教室向医学教授要求解释一些事实时，常使这些教授感到非常厌烦。

这位年轻的学生常会这样发问：“但是，老师，你怎能证实你刚才所说的呢？”

“这必然是这样的，因为我们的书本上是这样记载着的。”这就是教授的回答。通常教授还接着讲一段希腊哲学家亚里士多德的权威言论，来证明自己的回答是毫无疑问的。

就在同一天早上，伽利略曾向一位教授提出质疑：“你说这一定正确，因为亚里士多德的著作上这样写着。但是，如果亚里士多德犯了一次错误呢？”

课堂内头发斑白的教授和班上大多数人，对这种轻视权威或神祇的言辞都感到震惊。这好像是在说：伽利略不认为有上帝的存在，或者可以说，他在替很少为人所知的尼古拉·哥白尼（Nicolaus Copernicus，1473—1543，波兰天文学家，现代天文学的创始者）理论作辩护（哥白尼认为地球是围绕着太阳运行的）。

老师怒不可遏，最后，他冷冷地说：“年轻人，除非你能谨言慎行，尊师重道，不然，我不允许你进入这教室。”

伽利略在气愤中匆匆离开。他不愿看见同学们幸灾乐祸的表情。在低着头走出教室时，他自问：“他们为什么要恨我？我要寻找真理，难道这也是错误？”

一位穿着黑色长袍的教堂司事，手执一支细长的火炬，从教堂远端的石柱后慢慢地走过来。远远的，这火炬像是一颗星星，他在伸入灯碗中点燃吊灯时，吊灯犹如星光一亮一暗，其余的吊灯在黑暗中一一被点燃。最后，这位司事走近伽利略停靠的石柱附近，他指间仍捏着一串念珠，年轻的脸庞上深印着一层悲怆沉思的表情。

突然间，伽利略向前走去。他脸上不再愁眉不展，而是好奇与兴高采烈的表情，眼睛中闪烁着光芒，注视着离他最近的一盏吊灯。司事在点燃它的时候，任它被天花板的铁链吊着，并随之摆动。

司事继续点燃其余黑暗处所有的吊灯，任它们摆动着。他一点也不知道，这些动作会对在他身后的这个男孩带来什么启示。

※中世纪神职人员

脉搏计数仪

教堂司事拿着火炬在黑暗中缓慢地移动着，他绝没有想到，这摆动的吊灯会对伽利略的事业有这样大的意义。正如意大利探险家百年前初次发现新大陆的绿色海岸一样，年轻的伽利略也不曾料想到，他生命中的一场风暴过后，他的第一个伟大的发现即将产生，因此，摆动的新用途也就从此产生。现在，他心中只有一个念头，他自信地一再重复地说着：“亚里士多德错了！现在我可以证明他错了！”

伽利略眼里虽燃烧着挑战的火焰，但作为20岁的男孩，他也了解到，要公开向亚里士多德挑战是需要更多勇气的，比德国教士路德表现在攻击天主教教堂的勇气还要更大。

※小小的物理摆动给了伽利略很大的启发

亚里士多德，伟大的希腊哲学家，2000年来统治了学术中心。不论是学者、专家，还是最伟大或者默默无闻的人，无一不承认他在人类学识中的权威地位。多米尼克竟派修道士阿奎纳，在13世纪后半叶时间内，调和了世间异教徒传道和圣经福音的

知识链接

亚里士多德

亚里士多德出生于公元前384年，死于公元前322年，古希腊斯塔基拉人，是世界古代史上最伟大的哲学家、科学家和教育家之一。马克思曾称亚里士多德是古希腊哲学家中最博学的人物，恩格斯称他是古代的黑格尔。

亚里士多德出生于色雷斯的斯塔基拉，父亲是马其顿国王的御医。公元前366年，亚里士多德被送到雅典的柏拉图学园学习，此后20年间，亚里士多德一直住在学园，直至老师柏拉图去世。柏拉图去世后，由于学园的新首脑比较倾向柏拉图哲学中的数学方面，令亚里士多德无法忍受，于是便离开了雅典。

※亚里士多德画像

离开学园后，亚里士多德先是接受了先前的学友赫米阿斯的邀请，访问小亚细亚。赫米阿斯当时是小亚细亚沿岸的密细亚的统治者。亚里士多德在那里还娶了赫米阿斯的侄女为妻。但是在公元前344年，赫米阿斯在一次暴动中被谋杀，亚里士多德不得不离开小亚细亚，和家人一起前往米提利尼。

3年后，亚里士多德又被马其顿的国王菲利浦二世召唤回故乡，成为当时年仅13岁的亚历山大大帝的老师。当时，亚里士多德42岁。

公元前338年，马其顿国王菲利浦二世打败了雅典、底比斯等国组成的反马其顿的联军，从此称霸希腊。次年，菲利浦召开全希腊会议，会议约定希腊各邦停止战争，建立永久同盟，由马其顿担任盟主。在会议上，菲利浦宣布，他将统帅希腊各邦联军，远征波斯。至此，马其顿实际上掌握了全希腊的军政大权，希腊各邦已经名存实亡，成为马其顿的附庸邦。菲利浦于公元前336年被刺身亡。他的儿子、年仅20岁的亚历山大即位为王。公元前334年，亚历山大率领马其顿军和希腊各邦的联军出征波斯。在不到10年的时间里，他打垮

※ 亚历山大大帝塑像

了号称百万的波斯大军，接着摧毁了古老的波斯帝国。一个空前庞大的亚历山大帝国——其领土西起希腊，东到印度河流域，南达埃及，北抵中亚——建立起来了。

根据古希腊著名传记作家普鲁塔克的记载，亚里士多德对这位未来的世界领袖灌输了道德、政治以及哲学的教育。亚里士多德也运用了自己的影响力，对亚历山大大帝的思想形成起了重要的作用。正是在亚里士多德的影响下，亚历山大大帝始终对科学事业十分关心，对知识十分尊重。但是，亚里士多德和亚历山大大帝的政治观点或许并不是完全相同的。前者的政治观是建立在即将衰亡的希腊城邦的基础上的，而亚历山大大帝后来建立的中央集权帝国对希腊人来说无疑是野蛮人的发明。

尽管自己的学生已经贵为国王，亚里士多德并没有一直留在国王身边。他决定回到雅典，建立自己的学园，教授哲学。亚里士多德非常重视教学方法，他反对刻板的教学方式，于是他经常带着学生在花园林荫大道上一边散步、一边讨论哲理，因此后人把亚里士多德学派称作“逍遥学派”。

在这段时间里，虽然马其顿在军事和政治上控制了雅典，但那里的反马其顿的势力还是很大的。亚里士多德在雅典受到了很多的优待，除了在政治上的显赫地位以外，他还得到了亚历山大大帝和各级马其顿官僚大量的金钱、物资和土地资助。他所创办的吕克昂学园，占有阿波罗吕克昂神庙附近广大的运动场和园林地区。在学园里，有当时第一流的图书馆和动植物园等。据说，亚历山大大帝为他的老师提供的研究费用，为800金塔兰（每塔兰重合黄金60磅）。亚历山大大帝还为他的老师提供了大量的人力，他命令他的部下为亚里士多德收集动植物标本和其他资料。

在此期间，亚里士多德边讲课，边撰写了多部哲学著作。亚里士多德的著作在这一期间很多，主要是关于自然和物理方面的自然科学和哲学，而使用的语言也要比柏拉图的《对话录》晦涩许多。他的作品很多都是以讲课的笔记为基础，有些甚至是他学生的课堂笔记。因此有人将亚里士多德看作西方第一个教科书的作者。事实上，亚里士多德浩瀚的著作并非其一人之力所能完成的。譬如，他曾对158种政治制度作了概述和分析，这项工作所需要涉及的大量搜集整理工作，如果没有一批助手的协助，是不可能完成的。亚历山大大帝死后，雅典人开始奋起反对马其顿的统治。由于和亚历山大大帝的关系，亚里士多德不得不因为被指控不敬神而逃到加而西斯避难。他的学园则交给了狄奥弗拉斯图掌管。一年之后，即公元前322年，亚里士多德去世，去世的原因据说是一种多年积累的疾病所造成的，终年63岁。关于他被毒死，或者由于无法解释潮汐现象而跳海自杀的传言是完全没有史实根据的。

亚里士多德作为柏拉图的学生，主张教育是国家的职能，学校应由国家管理。他首先提出儿童身心发展阶段的思想；赞成雅典健美体格、和谐发展的教育；主张把天然素质、养成习惯、发展理性看作道德教育的三个源泉，但他反对女子教育，主张“文雅”教育，使教育服务于闲暇。

亚里士多德一生勤奋治学，从事的学术研究涉及逻辑学、修辞学、物理学、生物学、教育学、心理学、政治学、经济学、美学等，写下了大量的著作。他的著作是古代的百科全书，据说有400—1000部，主要有《工具论》《形而上学》《物理学》《伦理学》《政治学》《诗学》等。他的思想对人类产生了深远的影响。

希腊风景

作为一位最伟大的、百科全书式的科学家，亚里士多德对世界的贡献无人可比。但他的成就远不止于此。他还是一位真正的哲学家，几乎对哲学的每个学科都作出了贡献。他的写作涉及形而上学、心理学、经济学、神学、政治学、修辞学、教育学、诗歌、风俗，以及雅典宪法。他的研究课题之一是搜集各国的宪法，并依此进行比较研究。

在哲学方面，亚里士多德的思想对西方文化倾向以及内容产生了深刻的影响。在上古及中古时期，他的著作被译成拉丁文、叙利亚文、阿拉伯文、意大利文、希伯来文、德语和英语。

亚里士多德所处的时代是希腊科学的一个转折点。在他以前，科学家和哲学家都力求提出一个完整的世界体系来解释自然现象。他是最后一个提出完整世界体系的人。在他以后，许多科学家放弃提出完整体系的企图，而转入研究其他具体问题。

但是如果以现在的标准来衡量，亚里士多德的某些思想显得有些极端。例如，他赞同奴隶制及女性所受的不平等待遇，认为这是自然界的安排（当然，这些思想是他所处时代的写照）。

亚里士多德集古代知识于一身，在他死后几百年中，没有一个人像他那样对知识有过系统考察和全面掌握。他的著作是古代的百科全书，他的思想曾经统治过全欧洲。恩格斯称他是“最博学的人”。

观点，而在以后，仅只偶尔有人提出些无关紧要的小错误。

在亚里士多德的很多著作中，有一本是谈论物理学的。伽利略一再阅读这本权威书籍，他对亚里士多德所说的“落体到达地面的速度依它的重量而定”感到怀疑。亚里士多德说：“没有人向他挑战过，至少，公开的，没有人敢——重的物体，跌落得快些，轻的物体，落下较慢。”但是现在，伽利略亲眼见到，教堂的吊灯说明这绝无谬误的希腊人是错的。

几世纪以前，亚里士多德运用普通常识观察事物。他是个医生的儿子，对动、植物有十分浓厚的兴趣，搜集了不少从他自己的国家以及从亚细亚弄回来的有价值的动、植物标本。并且他的学生亚历山大大帝，在他的新世界长征旅途中，从远自印度寄回一些标本给他的老师亚里士多德。

在中古时代，亚里士多德这种无止境的搜集事实和他的著作所换来的稳固声誉，足够使世人尊称他是唯一的哲学家。当时很少有人能使希腊所拥有的知识更加丰富些，除了伟大的亚伯特，多米尼克教派修行者，13世纪时他在巴黎大学教书；还有与他同时代的牛津大学的教授培根，他对光学的研究很有名。值得注意的是，他们的方法在当时虽是很激动人心的，但都只能排在魔术师的传奇行列中。

现在，有了伽利略，虽然他公开宣称他对亚里士多德的著述，诸如戏剧和政治，表示十分钦羡，但对这位哲学家的科学理论不敢恭维。他永远渴望着在接受和运用每一个新事物之前，先要证明它的真实性。伽利略这位谦虚的学生，对这个时代中只凭权威就认定事实的作风做了一次大改革。他决定要证明他认为真理的每一件事物，他现在就要以吊灯这件事来证实他的信念。

他赶紧回到他的阁楼里，把门拴上，将同学们喧嚣的嘈杂声挡在外面。整夜，他思考着他所看到的。第二天一大早，他又匆忙地从一家店到另一家店，找寻他所能得到的最廉价的实验用品——两节铁链，一节已生锈但还能使用的链条，总共只花了几文小钱。即使只是这有限的几个钱，也已经占去他父亲所能供给他生活津贴的大部分了。在街上另一家店里，好心的铁匠告诉他，他可以在门口堆着的一大堆废铁中任意挑拣。他很幸运地找到一个铁球，不大，但很重。另一个，只要有它的一半重就够了。

伽利略根本不考虑要去上课，他关上房门，立刻开始研究起来。他用一根铁链连接着较大的铁球，另一根牢系着小铁球。如何才能将

培根画像

它们像教堂中的吊灯一样挂起来呢？头顶上的粗屋椽解决了这问题。他再跑到那家打铁店，好心的铁匠仍旧让他自己去废品中挑选。这次，伽利略发现有两只铁锤，上面满是锈，而且是弯的，好奇也好心的铁匠替他用大铁锤把铁钩敲平了。

虽然很匆忙，但伽利略仍诚挚地谢过铁匠，他几乎是跑着奔回住处的。他只花了几分钟时间就将铁钩螺丝旋紧在横椽上，并且将两个不同重量的铁球用铁链将它们悬挂上去。

伽利略将两个铁球同时推动，他屏住呼吸，看它们摆动，一会儿在左，一会儿在右，来回不停地摆动。慢慢地，它们逐渐停止下来不动了，差不多在同一时间停止了。

伽利略想，不，一次不够，一次也许只是偶然。

他再次推动那两条铁链，它们也再次在相同的时间里停了下来。他一试再试，得到的结果依然相同。

伽利略躺在床上，用颤动的手擦拭着额头上的汗珠，试图压抑住自己的激动。他又爬起来坐在室内唯一的一张坐椅上，紧靠着椅背预想一篇准备向听众演说的文稿，像一位教授向他的学生们授课一样。

他以这样的话语开始：“亚里士多德犯了很多错误，我现在就要驳斥他在机械学原理上的一个错误。他说（我们的老师们重复着他的错误）当两个物体落下的时候，重的一个需要的时间较少。这里有两个重量不同的物体，我把它们牢系在铁链上，因此它们不会落下，正如同教堂里悬挂着的吊灯。但将这两个铁球中任何一个向空中推动的话，它便有向下跌落的趋势。假如亚里士多德是对的，则重的一个应先恢复静止。但是，诸位观众，你们看着我现在将这两个轻、重不同的铁球同时推动，它们仍会在同一时间恢复它们原来的位置。”

这时，伽利略为自己的胜利感到非常兴奋，他觉得要从一个高处来做这项表演是很容易的。他不曾想到，那一种非常普通的摆动可以变成用来测量时间的仪器。他感到一阵晕眩，他需要用睡眠来休息一下，冷静一下头脑。

伽利略觉得前额两边的太阳穴好像被一个大铁锤敲击着。他一晚上不曾睡眠，不曾进食，想着：或许是太多的兴奋刺激才使我这样全身火热吧！

伽利略坐了起来，用他仍有些颤抖的右手指按在左手腕上，这是他在医学课上学到的。他记得在他读过的一本达·芬奇的著作上，达·芬奇学过解剖和生理学，他知道如何使自己的人体画画得更完美。

是的，他记起来了，达·芬奇真是一个诗人。他曾将血液比作山川河海的水流，从海里上升为云，由云变成雨而回到山林，现在他的血液冲击得像春天的山泉。然而，伽利略思量着："在我兴奋的时候，血流里充满着的一股有规律的冲击波，像挂在教堂里的吊灯有规律摆动一样。"

他再次推动铁链，但此刻他不再想如何应付犯有错误的亚里士多德和他的同党了。他沉醉在一个新的观念中，他琢磨着如何计算他手腕上脉搏跳动的时间。

伽利略再次逃课，跑到铁匠的废铁堆里去。此时铁匠变成了他的新朋友，他虽是个没有受过教育的人，却对伽利略解释的新发明十分感兴趣。

铁匠邀请伽利略共餐，有黑面包、汤和酸红酒。虽然伽利略面前摆放着非常美味的餐饮，但是此时他没有一点食欲。虽然他在家一向以食量大而出名，家里的简朴饭菜常不够他吃饱，但此刻他实在太激动了，他连一点东西也吃不下。

伽利略说："目前，人们是用猜来测量脉搏的跳动次数。如果医生有一只手表，测量结果就会大不

拉斐尔壁画《雅典学院》，描绘了当时这个学院里的哲学家、科学家以及艺术家们进行学术探讨的热烈场面

相同了。”

铁匠喃喃地说道：“我听说法国国王有一套钻石装的计时器。”

“是的，是的，”伽利略急着说，“听说有一位德国王子，最近到罗马来，送了一架给教皇。但是，最有钱的医生也难与国王和主教相比，医生一定会喜欢我将要替他们做的这个小仪器。来，我画给你看。”他一面说，一面用手指蘸着酒，在桌面上画下一个轮廓，“这不过是一个简单的摆动体，在一条丝线上绑着一个小重锤，但它可以准确地测出脉搏跳动的次数。”

“是啊，每一个医生都会用到它。”铁匠预言说，“你可以将它出售，你可以发财。”铁匠憨笑着，继续说道：“你去买一双新鞋，把你这羞露在外的脚趾头掩盖起来，然后你就可以付给我这些破铜烂铁一些费用了。你一定会成为一个大医生，我从没有见过像你这么头脑好的人。假如我生病了，你一定要来看我，不要收我的医药费，用你这个新发明的小玩意。但愿我有幸能亲眼看到它的发明。”

比萨的医师们对伽利略的发明一致表示敬佩，很多医师很快就用脉搏计数仪来计算病人的脉搏。但伽利略并没有完成他的医科教育，他自己没有机会来证明这项发明的实用价值。

※精确的科学仪器

奔波于贵族之间

由于伽利略太穷困，因此没有办法继续念医科，他也没有收到一点来自于他发明的脉搏计数仪的报酬。他的父亲对他无心学习的情况感到厌恶，因此拒绝再支持伽利略的教育。伽利略本人却很高兴此后不必再学习自己不喜欢学的东西，不必进入他看不起的行业。他对这所大学已愈来愈感到不快乐和厌烦。他对亚里士多德的驳斥曾引起讪笑，虽非真的引起仇恨，但是，如果继续留在佛罗伦萨，那么，生活问题又该如何解决呢？

他尝试在商店里研读。他将喜爱的欧几里得（Euclid，古希腊数学家，约公元前330—前275，被称为几何学之父）的书搁在毛织物货品袋上或锦缎包上阅读，有时外出贩卖一些他制作的小发明物。他父亲称那些东西为“小玩具”，认为那些都是不值得一个受过大学教育的人去做的。有时，在读得高兴时，

※小小器械反映着伟大的实证精神

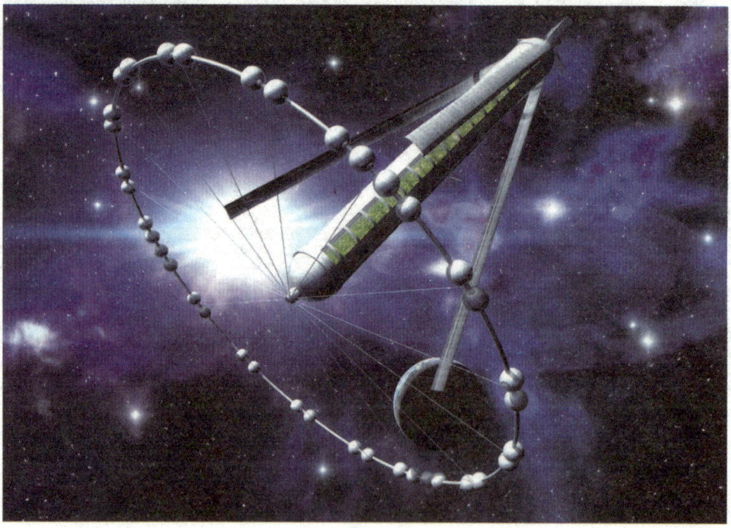

笔管会被他紧握得破裂；有时，他就在书的空白处记载下他的加注。但是，每当他细心计算，或者正构思一个文句的时候，老是会听到妈妈尖锐的呼叫声，打破他专注的沉静。

“如果你除了鬼画符外，没事可做的话，不如去帮你累坏了的弟妹们，从井边提几桶水回来！”妈妈这样命令着。

再回来研读的时候，爸爸正好参加完 个羊毛业会议，回到家来了，伽利略又得恭敬地聆听年老体衰的爸爸的训话。

“事实上，我们虽不是什么艺术家、音乐家或者学者，但是我们这个行业却很受重视，你有一天终会走进这个行业的，不必感到羞耻或遗憾。你该尽力帮助我，并且学习做生意，我死后，你就要继承这项工作。上帝会宽恕我的，我把你拿来做你弟弟米盖的模范。他对吹笛很有天赋，有一天他会以他的音乐谋生。但是，你有天赋却懒惰，你已是成人啦，还指望年老的父亲来养活你?”

自中古时代以来，欧洲学者多半都是修士或各宗教派系会员，不然就是由教堂所资助的学生。到了16世纪，学者中如著作家、艺术家或音乐家，都有赖富有的人支援。伽利略受到父亲的责备后，便携带着数学家里西的介绍函，和以前几位有学识声誉以及曾认为伽利略很有可为、很有前途的知名人士的推荐函件，开始奔走于佛罗伦萨各豪门之间。无疑，有些爱好学问的王子、公爵，看到这些介绍函件后，会乐意给予援助。也许，有些高贵显要人士，看在伽利略祖先为桑梓贡献的份上，也愿意提携这位落魄的年轻人一把。

他学会对看守那些高大铁门的司事说些好话，让他有机会进门。有时他也许需要费一番唇舌，好像对群众演讲一样：“且停一会儿，只需几分钟，先生!”对付这些巨宅大厦的看管人，有时他会一路甜言蜜语顺利地闯关，见到想要见到的大人物。

如果这权贵人士以礼相待，伽利略会尽心讲解他的新发明的价值所在，或热情洋溢地解释他的脉搏计数仪的特点，或者展示他的水表。他会说：

“这两样东西都很有实用价值，王子阁下。但是我没有得到分文的报酬!我相信，您高贵的宫廷数学家里西已经告诉过阁下您，您现在可以亲自过目一下，我的流体力学平衡式，这是根据希腊数学家阿基米德原理演变的——当然，阁下

※思考中的阿基米德

一定记得当时那位国王无法决定他皇冠中金子的成分。”

这时，这高贵的主人心中可能正在回味着今早的打猎或者心里计划着今晚的化装舞会。他斜躺在大椅上，点头表示嘉许，眼睛闭着思索着。

但伽利略会不遗余力地继续说道：

“我原可以不必打扰阁下的视听，仔细解释这淹在水中的物体挤去同体积水量的相对重量。但如果您允许我示范这一方法，我发明的这种测量合金成分比例……”

在这位发明家的匆匆解说过程中，主人也许伸个懒腰，打个哈欠，宣称他没有时间听一个觅职人的诉愿。他会叫他的秘书给他一份公文书，或者叫秘书写下一封重要函件。

有一次，一位宫廷大臣向他主人建议邀请这位有为的年轻人来参加晚宴。

伽利略向一位表亲借了一件很不错的缎绒外衣、一顶新羽毛饰帽，参加设在能俯视佛罗伦萨全城的一处山庄大厦的晚宴。伽利略梦想着有奇迹出现，他会坐在高贵的主人身旁，为他再讲解他的发明，但那荣耀的席位却被多斯卡尼大公爵的私生子兄弟麦第奇占有了。王子和很多当时绅士圈里的人一样，热衷机械学。当天晚上他大吹特吹他的一台几近完工的机器，说用这台机器可以清除污泥。

伽利略悲哀地想着，他如果坐在我现在坐的地方，没有一个人会听到他在说什么。陪坐在末席位置，就是有心想要让人听到也听不清楚。

伽利略无意中注意到宴厅里侧食物台桌布上闪烁着的装饰，大大小小的金叶银叶装点在一个少女的裙缘上。伽利略暂时忘记了他的愤怒，心中默想着，这真是天才的设计，就好像一个世纪以前法国宫廷

※意大利面在全世界都享有盛誉

中切利尼大师的创作。转瞬间，他又回到现实，满腔愤恨。为什么会让这样一个不学无术的家伙坐在首席？就因为他父亲是这个省城的首长？而伽利略自己，不出三岁，已有不少成就，却被人们遗忘而安排在这长桌的末位，只能听到一些傻笑的女侍们的声音。

伽利略和他父亲一样，对祖先的声誉和成就，深感光荣。高贵的族系遗传使这一辈的家族力争上游，希望在新世界里有所建树。伽利略是如此年轻，大学生活虽不如意，但他自信自己是这一新时代上流社会中的知识分子。现在因为家境较差而被趋炎附势的人们忽视，伽利略感到太不公平了。

一位年轻的侍者走过来向他打招呼，他发现伽利略的衣服和帽子都不合身，显然是借来的，即刻又转身向桌边的另一位贵夫人献殷勤去了。

伽利略预想到晚宴的丰盛，绝不是家里母亲所能准备得出来的。家里的通心粉和简单的蔬菜怎能和这里讲究的沙拉和松鸡乳翅相比呢？他吃厌了母亲的拿手好菜姜汁蛋，但是他也知道为何他不能抱怨，除了节日外，不可能有其他肉类食物上桌。今晚，即便有细嫩香脆的烤羊肉和其他美味佳肴，他还是无法下咽。即使是银盘中堆得满满的大颗粒紫葡萄，在伽利略面前也失去了它的诱惑力。

当首席客人开始起身离桌去玩牌和听音乐的时候，伽利略便拉紧了大衣，匆匆走下大理石台阶。

在台阶中途，他停顿片刻，看着下面沉浸在一片月色中的城市——可爱的佛罗伦萨，他祖先的家园。祖先们在此聚积财富、声誉，建立城池。他隐约见到圣克罗切教堂，那里面是他祖先们相伴长眠的地方，马嘉菲里王子的陵寝就在这里。米开朗琪罗的遗体靠近着神坛，他的葬礼，隆重胜过国王。

但米开朗琪罗也遭受过挫折与失败。在他长久的生命中，这位佛罗伦萨雕刻家上过天堂，也下过地狱。在罗马，他铸造了“摩西”，人们称赞他的艺术超越了希腊人的作品。他光荣的“创造”，悲哀的“最后审判”，无一不是不朽巨作。在圣克罗切教堂中，更有城里每一个公民引以为荣的雕像——圣母悲拥着死在十字架上的基督。面对这些庄严巨作，再具有权威的帝王也会为之垂首赞仰，然而当年，米开朗琪罗却曾仰息王公主教们的施舍为生。

伽利略在一个狭窄的街口再次驻足，人民仍旧能指出，300年前但丁在被放逐之前，曾坐在这儿的一块大石头上沉思过。附近一所酒店传来酒醉的笑声和嬉戏的歌声。伽利略坐在但丁曾坐过的地方歇息，心里默想着自己的生命会不会和但丁一样坎坷。

从小生长在佛罗伦萨，伽利略一直认为，吟唱天堂和地狱的歌唱者是最伟大的诗人。他曾读过但丁的《地狱》，他几乎能了解但丁所描述的每一个地方的地理人文景观。伽利略的记忆力很好，他能背出但丁《神曲》里的很多章节。现在，坐在这柔和的月光下，想起自己的失意和但丁当初在宫廷中受到的屈辱，他开始用他乡斯卡尼音乐一样的乡音吟唱他的诗句——

是啊，你会知道的，
吃人家赐你的食物有多咸；
上下人家的阶梯有多陡峭。

伽利略沮丧地思量着，明天，一切会重新再来的。他要再吃父亲所能供给他的可怜食物，要听母亲埋怨儿子的不中用。他要再去攀爬另一家宫殿陡峭的台阶，忍受轻视的接待。伽利略用双手将头支撑在膝盖上，月光下可以看到他泪流满颊。

※佛罗伦萨城街头雕塑

跻身杏坛

经过几天的失望与思量，伽利略宣称他要到别处去寻找幸福。

他对父母说："我既然无法打动佛罗伦萨王公大人的慈悲，我决心在整个意大利旅行，我要在学者荟萃的城市逗留，将我研究进步的成果展示给他们看。凭借上帝的帮助，说服他们推荐我获得支援。"

他父亲疲倦的目光中闪烁着一丝好奇和兴趣，他记起当他年轻的时候，也曾梦想到远方陌生的地方去探险，但他从不曾想过要超越故乡的边界。他问：

"你要到哪里去呢？"

伽利略还没有计划好旅程，不过，此刻他轻快地回答说："我将访问规模宏大的意大利各大学——波隆那、帕多瓦，当然，还有罗马。我已经读过有名的耶稣会学者克勒菲的一些著作，他在罗马大学教数学，我盼望和他谈谈。"

他父亲打趣他说："我猜想这位学者会请你前去看他的，可惜我们没法替你买一套新衣服以壮行色。你沿途的生活又将怎么办呢？"

伽利略轻松地回答："像很多穷学生一样的做法。住宿嘛，疲倦的人，屋檐下、稻草上就可以睡得着。饮料嘛，路边溪流有的是水。面包嘛……"他笑了："在比萨的时候，我听到一个故事，有一

名人名言

当我历数了人类在艺术和文学上所发明的那许多神奇的创造，然后再回顾一下我的知识，我觉得自己简直是浅陋之极。

——伽利略

个学生从荷兰到巴黎上大学，一路上行乞充饥。他没有别的东西吃，就只有面包屑，有些却硬得嚼不烂，为了提起精神，他依照他得到的面包屑的不同新鲜度，用拉丁文作了一篇很长的学位论文，并一路上朗诵不休。”

他母亲听了有些不悦，说道：“在你回来坐在基督餐桌以前，就快乐地吃些发霉的面包屑吧。至少，我会给你一包面包和干酪，够你在旅途上啃几天的。”

几个月以后，伽利略回家来了。他的脚酸痛，饿得像他妈妈所预言的那样。经过风吹日晒，他的皮肤黑了，身体却更坚实了，心情上也显得更愉快些，并带回来对罗马很宝贵的回忆。这是他在1587年间的第一次罗马之行。

他在罗马见过克勒菲神父，神父对伽利略这位年轻科学家的写作和发明十分欣赏。这位耶稣会教授已光荣地被大主教委以修改年历的重任。伽利略能得到他的赞赏，对他多年来的委屈和失意实在是莫大的安慰。

但当伽利略回到佛罗伦萨，仍对前途存有疑虑的时候，宫廷数学家里西给他带来了好消息。原来，不只里西，另外还有几位有名望的佛罗伦萨学者，对伽利略的科学论文和流体静力学分析十分赞赏。比

罗马风光

萨大学并没有设数学教授席，但这几位名流已建议多斯卡尼大公爵设立一个教授席位，并聘请伽利略担任这个职位。

伽利略的父亲听到他儿子担任教授这一稀有科目的年薪后，说道："你是所有教授中待遇最差的一个。"

他母亲的声音一向是又高又尖，她抱怨着说："那么你怎样才可以还得清我们多年来送你上学的费用?你到比萨时，一定很快就将小米盖还不能自立的事忘记了，也不会想起你几个妹妹都已到结婚年龄。以我们的家世，她们绝不能嫁到默默无名的家庭里去，而有名望的人家却又都很重视妆奁。"

伽利略大胆地答应说："到时我会为她们准备嫁妆的。"

他父亲接着问："从你的薪金里开支?"

"也许我能够卖掉我的下一个发明，我还可以兼家教，我知道有很多教授都这样做。"伽利略答道。

母亲仍一面嘀咕着，一面替他准备简单的行李。

伽利略笑着对妈妈说："很幸运的，我不需花钱买什么好衣服，我的教授袍可以掩盖住一切破烂。我也不需大吃大喝，我已习惯了面包和廉价酒。晚上需要些娱乐，我可以吹笛子，或者继续我的研究。你看，现在我已有自信，我的实验，我以前告诉过你的那些物体重量……"

他父亲抢着说："你如果会想，你该多把你的自由时间用在学生身上多赚一点钱。"

比萨大学的学生，一向的传统习惯是自由选择教授做单独的家教老师。伽利略很快就发现，他缺乏聘为家教的名气。他原先计划能多担任几个家教以便多赚些钱，但事与愿违。当时书籍很少，学生读书大多依赖教授讲解。伽利略缺乏讲台经验，他的演讲并不出色，所以未能赢得学生礼聘为课堂以外的私人家教。

有些学生反对伽利略也许是由于他的个性。伽利略对聪慧、有天分的学生，会立刻变得很亲切。他是一个很有同情心的老师，常不厌其烦地解释难题，甚至可以把自己的事情抛置一边，以便和学生研究他们的古怪观念。他对少数意气相投的学生会十分纵容溺爱。他会忘记他自己的尊荣，和他们一起打闹欢唱，交谈一些不十分端庄的故事笑话。

比萨大多数的学生和世界其他各地大学一样，是一群喜爱喧闹粗暴的大孩子。他们的野性使他们成为一种特权分子，而大学则成为社会上有特权的社团，当地警察对他们也无可奈何。这是一种不好的现象，孩子们的颐指气使变得无法无天。幸运的是，伽利略的名誉和身份并没有牵涉到当地任何的丑闻里去。

这个年轻教授虽容忍学生的喧嚣，但对迟钝和接受新观念较缓的学生难以忍受。资质较差的学生们对这位比他们大不了几岁的老师的辛辣非难，变得阴沉不乐起来。而伽利略的大学教育并未完成，又没有得到什么学位就当上了教授，也让其他很多有名的教授不服气。

伽利略重回比萨的时候，教职员对他的欢迎并不热烈。很多人甚至反对让没有学位的人当教授。他还很年轻，只有25岁，他的新革命观念惹恼了较老一辈和较保守的学者教授们，他们认为伽利略尽可缓慢一点地表达他那些观念。比伽利略年纪大的教授们，差不多全是亚里士多德和古哲先贤的忠实信徒，他们已习惯于熟悉的旧路。他们也容许伽利略替自己着想，但他们讨厌他那破除原有观点的论调，尤其是他发表那些观念时的挑衅态度。

一位年龄最大的老教授有一次向校长控诉：“如果他一定要把原有思想打破，也需要把我们通通集合起来看着他把原有思想摔碎在地上吗？”

满头银发的校长安慰他说：“他年轻、愚笨，有着年轻人的傲慢，我会警告他做事要谨慎些的。”

但是，校长的斥责正是伽利略需要的催化剂！

1633年，伽利略受到罗马宗教法庭的审判

可疑的胜利

一天晚上，在大家饮酒聊天的时候，伽利略告诉他那些几乎都十分年轻的朋友们说：“我正要把真理告诉这些年老昏聩的人，我已等得太久了。最顽固的人看到我这两个配有重铁的实验后也该信服，他们却斥责我在玩魔术、耍手法蒙混他们。”

他的一位忠诚的学生向他提议说：“但是，老师，你记得，实验你的这项假设真理时，用的是一个斜面，然后叫我们好几个人滚动那几个同重量的木球，你解释说这是教堂灯摆和自由落体的折中实验法……”

※比萨斜塔是意大利闻名世界的建筑之一

伽利略突然站立起来，用力敲打满是酒污的桌面，说：“我有了！明天——不，后天——不，一个礼拜后的今天最适合。我有足够的时间先私自试验，然后再找见证。我要恭请全校人员、教职员、学生，还有比萨全体公民来看，我从比萨斜塔顶上丢下我的铁球，大家都可以看到这两个铁球会同时到达地面。”

有个学生，一面喝酒，表现出并不像平日一样敬重他老师的模样，说：“假如这两个铁球，当中有一个打在我这不幸的脑袋上呢？”

※意大利比萨广场

伽利略冷酷地回答："可能会从你的脑袋里撞出一些知识来。好了，现在你们全出去！今天晚上我讲的话，不要讲出去，等到你们接到我的通知后再说，我会公布在中央讲演大厦布告栏，你们可邀请你们的朋友来参加，届时我会去邀请各教授也来。"

一个礼拜以后，大钟敲12下前，伽利略进入公共广场，满怀兴奋，不时停下来，用他那双漂亮的眼睛注视三幢出类超群的建筑物：大教堂，它的纯白颜色有如山上的积雪；圆形浸礼所；斜塔，虽显得有些不稳，但它仍屹立在稳固的大理石基础上。

比萨斜塔底下站着一大群学生，高声谈笑，好像是来看赛鸡表演似的，而不是参加一个庄严的科学实验示范。当然，校长和一些年长资深的教授，怕贬低身份，并没有来参观。伽利略从人群中瞥见几位教授，有些带着一种藐视的神情，有些似乎感到厌烦，也有修士在内。然而，出乎他们意外的是，这两个质量不相等的铁球同时落地。

"真妙！"伽利略想，"有些是耶稣会的出色科学家，只要他们能给我实验的胜利成果做个见证就可以了。"

“滴漏针是假不了的。”

“是呀，但是说不定里头有什么欺诈……”

伽利略从塔上走到地面时，群众已向四方分散。有些人围着一个小女孩，她提起她褴褛的裙子，高及膝盖，又唱又跳，希望能赢得围观人丢几个小钱给她。干瘪的老妇人，扯紧了头巾，走向大教堂，当中有一位在抱怨说：“站了半天，腿都酸了，却什么也没有看到！”伽利略没有看到还有别的教授在场，他们没有向他庆贺便走了。他们是害怕伽利略的胜利会加深对他们的恨意。他们迟疑着该不该支持他。

但那两个计时的学生仍站立在那里等着和他握手。

年纪较轻的一位学生曾在宫廷里学过仪态礼仪。他说：

“老师，我深感光荣，能成为第一个为您效劳、看到您胜利的人。”

我胜利了吗？或者，我是失败了吗？伽利略心中默想着，一面微笑着道谢。

比萨斜塔见证了伽利略的自由落体实验

超越黑暗天空的星辰

在帕多瓦大学第一个月的某一天早晨，伽利略站在大教堂内欣赏多纳铁诺替圣安东尼伟大的荣耀所塑铸的圣像。此刻，他较少想起亚里士多德了。他感受到天使般的神学家阿奎纳不愧为最伟大的神学家。

伽利略虚心地忆起这位多米尼克教派学者临死时的遗言：

※意大利教堂建筑

为着主，我研究、观察、辛劳、传教。

我传达主的教言。

我从不曾违背主。

我也不曾固执己见。

如果我固执于不对的事，我愿受神圣罗马天主教堂的审判。

我一生都忠心附庸着。

伽利略被这谦虚的言词所感动，他祈祷，他也能如此善终。

伽利略在帕多瓦的第一年，即使他有意参加那些纷争，他也没有时间，他必须埋头撰写讲稿。从他1592年第一堂课开始，他的声誉便建立起来了。此后他无需再担心敌视的脸孔和无人听课的尴尬场面。听过他讲课的学生奔走相告，很快地他授课的大教室就座无虚席。他讲解的内容和技巧很特别，许多学生虽不一定对他教的科目感兴趣，但都愿意听他对数学、物理和天文的新见解，以及他谈论这些科目时带给他们的启发。几年以后，他的一个成为帕多瓦大学教授的学生马塞里说："我从伽利略那儿学习三个月所学到的东西，比从其他人那里学了很多年的还要多。"

他依据科学方法讲解的军事攻防法规，也极受来校受训的年轻贵族的欢迎，这些来听课的人均来自意大利各省，且有从欧洲其他地区远道而来的。他们来学习的目的是为了将来的需要，以保护自己的国土。伽利略有时会感慨道："为什么人们那么急着要学习毁灭他们敌人的方法，而比学习他所发现的灌溉法，替贫苦农民增加粮食的方法更为热衷？"他无法预见，在他即将发明的仪器里面，是否有可能将成为某些统治者最有用的武器。

伽利略的家教学生人数每月均有增加，很多学生甚至跟他同住。他不但是他们的老师，也是他们的朋友。他喜欢和这些奋发上进的人保持密切接触。伽利略虽不曾离开过意大利，但他通过这些机会与来自法国、德国、瑞典的青年建立了深交。属天主教派的帕多瓦，其学术自由风气之恢弘，即使对持反对意见的路德派系教授也欢迎其在校讲学。伽利略也同样宽宏，从不分天主教或基督教，都一视同仁，把他们看成大家庭中的一分子。

有些来自远方的青年不会说意大利语，因此长餐桌上常可以听到使用拉丁文或者其他方言的谈话。用膳时的讨论多集中在当天所学课程上，但伽利略时常利用这个机会，让外国学生讲些他们木国的大学、政治、社会风俗习惯等等。

住在伽利略住处的学生，永远不会忘记这些增长知识见闻的交谈。很多学生在离开后仍保持与他们的老师通信；继续研究科学的学生则常来信讨论他们的研究工作。有些家世显赫或与当时的权贵有所接触的学生，则常在老师遭遇困难时，运用其影响力帮助老师解决问题。

伽利略的学生众多，可说是桃李满天下。不仅只是那二三十个和他共膳、共宿的学生得到他莫大的帮助，就是只在课堂听课、课后提出问题研究的、在酒馆茶楼听他讲故事的人全都有所收获。伽利略肯定感觉到，这些笑口常开、激进的法国人，或者动作缓慢、好学深思的德国人，或者他落后国家的人，多少都可从他那儿学得一点东西带回他们的祖国去。

伽利略自己在学生时代时，已深深体会过贫寒的滋味，今天他当了帕多瓦大学的教授，对贫苦上进的学生总是尽力照顾。有三个贫苦学生住在一起，听说三个人轮流上课，学校当局后来查明他们不能每堂课必上的原因是：三人共有一件学生袍，只能轮流穿着外出；而他们的荣誉心极重，从未抱怨过穷苦。伽利略听到这件事，表情尴尬地笑了。

有些中产阶级家庭出身的学生，可以舒适地住在伽利略分租膳宿的房舍。有钱人家或贵族出身的学生则居处豪华，如同住在自己家里一样，楼台庭院，仆人侍者应有尽有。伽利略幼时虽极贫穷，但他仍记得他们原出身贵族，对于贵族礼仪耳闻目染，和贵族人士打交道并不感到局促，也能恰如其分，但他对贫苦学生，却更能多付出他的一份关注。

伽利略特别喜欢和具有才智的青年学生及同僚们接触。在帕多瓦和威尼斯他都有不少好朋友，其中一位最早的朋友和入室弟子名叫卡勒里。

卡勒里作为当时富有人物的代

※威尼斯水城

伽利略

表，不但闻名于学术界，结交学识渊博的朋友，而且他自己也读书、研究，从不停止。他在帕多瓦大学结业后，便开始搜集稀有书籍文献，他的巨宅中私人藏书达8万卷之多。他平日交往的人多是王子、主教、艺术家和作家。大学教授们时常携同少数特具才艺的学生前往作客，席间能有机会聆听其他宾客的各类讨论。

聚会中辩论过久、过激之余，卡勒里常会取出他的七弦琴，伽利略则用琵琶伴奏，以娱嘉宾。音乐会后，再继续饮宴。深夜里，和一些学生在微醉中一同又唱又跳地回到宿舍。

卡勒里有很多出色的欧洲科学家朋友，其中一位是被尊为“数学哲人”的泰柯·布莱。伽利略很想和他讨论几个数学上尚未解决的疑问。卡勒里因而写信介绍伽利略给这位丹麦的老科学家兼天文学家，但这位帕多瓦大学教授的求教函件竟被这冷傲不群的老人积压了8年未复，直到布莱去世的那一年，他才发现伽利略声誉日隆的才华。

伽利略的个性和这位老教授大不相同。当这位老教授去世后，接替他的人是一个年轻的德国天文学家开普勒。开普勒的第一本著作问世时，伽利略曾给这位年轻而名不见经传的天才科学家一封衷心赞扬的信。他们俩从未谋面，彼此竟成为好朋友，两人对哥白尼学说都极为推崇。

伽利略在帕多瓦执教的最早几年中，发现一本年份久远、被人们所遗忘、由一位没有显赫名望的德国修士所写的书。本书的作者哥白尼是怎样的一个人呢?他将整个生命都投注在天文研究，而写下这惊人的理论。伽利略发现这位科学家也曾在帕多瓦大学念过书，他从大学的档案中找到了他的名字，是一个世纪以前的学生，他开始对他产生了浓厚的兴趣。

哥白尼在克瑞科大学念了3年的数学和天文学后，他那位在德国佛劳恩堡做主教的叔叔送他去意大利继续读书。他在波隆那大学念希腊文和哲学，在此认识了天文学家诺瓦拉。诺瓦拉教授他欧洲科学家们刚开始学习的新知识——观察艺术。

可能由于研读柏拉图著作的关系，哥白尼此时涉猎了古希腊学术，包括毕达哥拉斯的研究。亚里士多德以前的哲学家，有人相信地球为圆形而非平直，且围绕太阳旋转。这一理论被具有绝大权力的亚里士多德以及托勒密等人所否认。托勒密曾在亚历山大城研究星辰学科多年。

这群埃及的科学家和著作者，继续统治着人心，直至文艺复兴时期。后来，希腊文化的复兴将柏拉图思想引进，使得诺瓦拉对托勒密学说的正确性有了怀疑，虽然大多数基督教学者仍旧接受地球是宇宙中心的这种信仰。哥白尼深受诺瓦拉思想的影响。

伽利略继续研究、写作、讲课，并常参加帕多瓦及威尼斯的宴会，通过化装舞会及音乐调节生活。但他最喜欢的一项消遣是他父亲以前称为修补的工作。他常常在他的工作台上埋头苦干很长时间。虽然伽利略很多的发明都还留下没有完工，但其中有一种机械绘图用的仪器，给伽利略带来了一笔可观的收入，他的声誉也越来越大。

伽利略发明的绘图仪是用两支金属分划尺相互交叉钉接起来的。依照分划调整两尺的角度，这种仪器可用来放大地图或其他绘图。这种仪器销路很广，伽利略就雇了一个技工，督导他依图制作。伽利略把这个工人安置在他家，并允许他的家属也一并搬来。伽利略的妹妹和她们的小孩，有时还有他那年老、喜欢吵闹的母亲，来看望伽利略时，住处就显得十分热闹和拥挤了。

伽利略并不在乎这些，他会把书房大门关起来读书、写作、阅读笔记，或书写充满着细心构作佳句的长信给朋友们。有时，如果关节炎没有发作，他会在美好的夜晚坐在花园中静思默想。他想，上帝对我十分恩厚……在经过如此长久，像诗人但丁经过的恐怖、不安的一段时间后，他终于看到希望的曙光了。

返回故里

继1604年奇异新星出现后，伽利略的声誉继续上升。许多听众——不仅是大学的学生，还有许多来帕多瓦访问的名流，常常把他的课堂挤得满满的。

他发明的绘图仪在市场上也颇受欢迎，特别是军中用来计划作战行动，使用起来十分方便。绘图仪的使用需要一些几何知识，因此，来请教他的人更是数不胜数。贵族阶层的业余人士把这项发明视为玩具，而未把它视为数学及机械仪器，他们来帕多瓦学习这“奇异两脚规”后，回到宫廷后往往仍需请教宫廷数学教师解释它的用法。

前来听课的贵族学生中有一位青年名叫尼可洛，是多斯卡尼王宫御前大臣的儿子。他回到佛罗伦萨后，在他父亲面前极力称赞伽利略是一个友善、讲演流利、制作奇妙仪器的发明家。

尼可洛对父亲说：“伽利略老师不仅在帕多瓦、威尼斯是伟大和渊博的学者，就是在外国，他也声誉甚隆，这真是怪事！他在佛罗伦萨怎会没有一点地位呢？我们的城市和整个多斯卡尼省真该以拥有这样一个子弟为荣。”

他父亲很快便与大公爵夫人讨论。克丽丝汀夫人对此也感到颇为惊异，吩咐宫廷大臣即刻通知伽利略，宫廷对其发明极感兴趣，可否请他在休假中前来公爵避暑行宫一谈？同时也请求赐教王子柯西

名人名言

真正的哲学是写在那本经常在我们眼前打开着的最伟大的书里面的，这本书就是宇宙，就是自然界本身，人们必须去读它。

——伽利略

※十七世纪宫廷贵族的生活

莫使用该仪器的方法。

伽利略一再诵读收到的邀请函，此时此刻他忘了当时正在发作的关节炎，反而心上隐隐作痛，一种多年积聚的思乡病终于在此刻爆发，他开始急切地想念着离开多年的佛罗伦萨故土。

伽利略的身材此时已略显臃肿，两鬓须发逐渐灰白。他回想起幼年在父亲的羊毛织物店中，父亲提及过达·芬奇，斥责他的罪过，虽然获得荣耀名誉却远离故土佛罗伦萨，客死他乡。

伽利略自忖："我现在还算年轻，前途光明，我该凯旋故里，像先贤一样，造福乡梓。多斯卡尼出过不少军人、政治家、艺术家及医生。我如能在宫廷中得一职位，也可以给我的孩子一个荣誉封衔。如果他被正式承认为我的合法子嗣，谁知道他以后会飞黄腾达到怎样的程度，给我们伽利略世家增添多少光彩！"

伽利略想回佛罗伦萨也有别的原因。虽然他在帕多瓦拥有很多荣誉，但如能进入宫廷，职位必然更加显耀，如同布拉赫一样是皇家的数学教师。他想着，如果我可以不必讲演授课，那我必定有更多的时间做我自己的研究。

伽利略立刻接受大公爵夫人的邀请，并期望着这是获得王宫固定职位的前奏。

暑假到了，伽利略和大学教授

朋友说了一声秋天再见，并给玛丽娜留下足够维持家用的资金，也和孩子们，尤其是他最喜爱的小女佛琴道别。他没有假装抱歉未能带玛丽娜同行，在帕多瓦，他们的关系无人批评，但在多斯卡尼王宫，她必须是正式的妻子才能被接受。他并没有和这位美丽的妇人正式结婚，当日风靡威尼斯的一代美人，和当日热情如火的恋情，如今也随着时光进入迟暮，只剩下美丽的回忆。

在思乡心切的伽利略眼里，佛罗伦萨比往日号称百合花城的时代更美了。他从热情欢迎他回来的亲戚中（包括他的妹夫，因嫁妆债款早已付清，显得很友善）脱身，漫步在弯曲狭窄的巷道中，每一处景物都倍感亲切。他溜进大教堂做了简短的祷告。洗礼楼房的大门，米开朗琪罗称它美得像天堂的门：宝塔高矗在铁狮子旁，顶上百合飘荡在仲夏天空；圣马科修道院墙上的壁画，儿童的天真姿态栩栩如生。他停驻在监狱门前，寻思着一百年前萨佛拉罗拉在此殉道的情景。

萨佛拉罗拉必然是反对佛罗伦萨、反对上帝的，但是，伽利略寻思着，难道就因为他相信所认定的是真理就该受到这样无情的处罚吗？

伽利略停立在跨越亚诺河的明德桥上，脑中仍在想着那个叛逆的修士。也不知什么缘故，他也想起了布鲁诺。

伽利略没有见过这位老学者，

伦敦塔桥

知识链接

布鲁诺

乔尔丹诺·布鲁诺于1548年出生于意大利那不勒斯附近的诺拉镇，于1600年去世。他是文艺复兴时期意大利著名的天文学家、哲学家。布鲁诺诞生于一个普通农民家庭。他幼年失去父母，家境贫寒，所以由神父养育长大。穷苦的布鲁诺自幼十分好学，10岁就进了修道院，15岁的时候当了多米尼修道院的修道士。后来由于勤奋好学，最终通过自己顽强自学成为当时知识渊博的学者。

※布鲁诺画像

在年轻的时候，布鲁诺一接触到哥白尼的《天体运行论》，便在他心中立刻激起了火一般的热情。从此，他便摈弃宗教思想，只承认科学真理，并为之奋斗终生。布鲁诺每到一个地方，都积极批判宗教神学，热情宣传哥白尼的学说，反对托勒密的地心说。后来布鲁诺被判为宗教的叛逆，被指控为异教徒并被革除了教籍。1576年，年仅28岁的布鲁诺不得不毅然扔掉袈裟，逃出修道院。因为遭到教廷通缉，他不得不在1578年离开意大利，并且长期漂流在瑞士、法国、英国和德国等国家。他四海为家，在日内瓦、图卢兹、巴黎、伦敦、维登堡和其他许多城市都居住过，长达13年之久。尽管如此，布鲁诺仍然始终不渝地宣传科学真理。他到处作报告，写文章，还时常出席一些大学的辩论会，用他的笔和舌毫无畏惧地积极颂扬哥白尼学说，无情地抨击官方经院哲学的陈腐教条。1583年，布鲁诺来到伦敦，在这里度过了两年多比较安静的时期，他的哲学著作《论原因、本原和统一》以及《论无限的宇宙和多世界》就是在伦敦写作并于1584年出版的。

布鲁诺的专业不是天文学也不是数学，但他以超人的预见大大丰富和发展了“哥白尼学说”。布鲁诺以天才的直觉，发展了哥白尼的宇宙学说，他在《论无限的宇宙和多世界》一书中，提出了宇宙无限的思想，他认为宇宙是统一的、物质的、无限的和永恒的。在太阳系以外还有无数的天体世界。太阳并不静止，它也处在运动之中，太阳并不是宇宙的中心，无限的宇宙根本没有中心。人类所看到的只是无限宇宙中极为渺小的一部分，地球只不过是无限宇宙中一粒小小的尘埃。

布鲁诺进而指出，千千万万颗恒星都是如同太阳那样巨大而炽热的星辰，这些星辰都以巨大的速度向四面八方疾驰不息。它们的周围也有许多像我们地球这样的行星，行星周围又有许多卫星。生命不仅在我们的地球上有，也可能存在于那些人们看不到的遥远的行星上……

布鲁诺通过哲学思辨得出的宇宙无限性观念，在思想史上具有无比的重要性。整个近代的宇宙论革命，就是从封闭的世界走向无限的宇宙的。哥白尼的宇宙体系是一个有限的体系，它依然保留了天球的概念。相比之下，布鲁诺超前于时代太多了，他所描述的与无数太阳系并存的无限宇宙图景，差不多300年后才得到科学界的公认。

布鲁诺以勇敢的一击，将束缚人们思想达几千年之久的“球壳”捣得粉碎。布鲁诺的卓越思想使与他同时代的人感到茫然，为之惊愕！一般人认为布鲁诺的思想简直是“骇人听闻”，甚至连那个时代被尊为“天空立法者”的天文学家开普勒也无法接受，开普勒在阅读布鲁诺的著作时感到一阵阵头晕目眩！

布鲁诺在天主教会的眼里，是极端有害的“异端”和十恶不赦的敌人。他们施展狡诈的阴谋诡计，收买了布鲁诺的朋友，将布鲁诺诱骗回国，并于1592年5月23日逮捕了他，把他囚禁在宗教裁判所的监狱里。次年2月，布鲁诺被押解到罗马，接连不断地审讯和折磨竟达8年之久，但是布鲁诺始终没有屈服！

由于布鲁诺是一位声望很高的学者，所以天主教企图迫使他当众悔悟，以使他声名狼藉，但他们万万没有想到，一切的恐吓、威胁、利诱都丝毫没有动摇布鲁诺相信真理的信念。一些神甫找布鲁诺交谈，说依他的天资，倘若重新回归宗教，苦心钻研教条，肯定会在罗马的教廷得到高升。他坦然地说："我的思想难以跟《圣经》调和。"

天主教会的人们绝望了，他们凶相毕露，建议当局将布鲁诺活活烧死。布鲁诺似乎早已料到，当他听完宣判后，面不改色地对这伙凶残的刽子手轻蔑地说："你们宣读判决时的恐惧心理，比我走向火堆还要大得多。"1600年2月17日，布鲁诺在罗马的百花广场上英勇就义了，一个伟大的科学家就这样被烧死了。

由于布鲁诺不遗余力的大力宣传，哥白尼学说传遍了整个欧洲。天主教会深深知道这种科学对他们是莫大的威胁，于是1619年，罗马天主教会议决定将《天体运行论》列为禁书，不准民众宣传哥白尼的学说。

布鲁诺不畏火刑，坚定不屈地同教会、神学作斗争，为科学的发展作出了贡献，他的科学精神永存！1889年，人们在布鲁诺殉难的百花广场上竖起了他的铜像，永远纪念这位为科学献身的勇士。布鲁诺被人们称为"继哥白尼之后的天文学家"。

※百花大教堂是佛罗伦萨的地标

※布鲁诺等很多科学家遭受封建迫害的场景

但他读过且深思过他的著作，并惊奇这位学者何以会这样强烈而大无畏地替哥白尼辩护?布鲁诺是16世纪末意大利最伟大的哲学家之一，他坚信地球不过是围绕太阳运转的一个行星。他相信宇宙中还有许多星球为其他星群的中心。假如这种说法属实，那么那些遥远的星球世界是不是也有人居住呢?假如地球上的救世主是为罪人而死，那么是否在其他世界也同样地重复上演一次这种神奇的生与死的任务呢?

伽利略伫立在亚诺河的大桥上，大地笼罩在长夏夕阳里。他在凝思中，一阵战栗油然而生，他忆起当日反叛比萨大学校长的情形。那老人强烈压制任何走新奇和怀疑道路的人，似乎自有他的道理。布鲁诺接受了虔诚教徒哥白尼的教言，只落得叛教罪名和因审判威胁而四处逃亡。他在罗马地牢中暗无天日的8年有着怎样的想法?而且直到最后，仍难逃被判为异端邪说而被活活烧死的悲剧。

虽然他知道布鲁诺在这个世界或者下一个世界，都会遭到同样的报应，但伽利略仍画了个十字，心中默祷，在上帝的时代里，错误的人可能知道他的罪被饶恕了。伽利略自问："一个人该热爱真理吗?将身体付诸烈焰燃烧也在所不惜吗?如果我会因此而遭受毒刑拷打，我有勇气接受吗？”

天黑了伽利略才回到家里，妈妈已花费了整天的工夫准备好了饮食，招待她这个出色的儿子。她埋怨他回来得太晚，说她花了一大笔钱买到这些小山羊肉，费了不少时间去烤，可能烤得焦了一些。虽然伽利略心事重重，但为使母亲高兴，在盘子里把食物堆得满满的，但吃起来也不知道什么味道。妈妈在餐桌上抱怨着，橄榄油的价钱涨了、孩子米盖和两个女儿的不孝……伽利略心不在焉地回答着。收拾餐桌的时候，妈妈把盘碗弄得碰碰撞撞的发响。

她斥责伽利略说：“你现在有你在帕多瓦的好朋友，你要去公爵避暑行宫作客，你现在是高贵得连妈妈的话也不想听啦！”

伽利略连忙道歉。他想，如果他告诉妈妈说，他现在心里正迷惘着布鲁诺的命运，一个人为了寻觅真理而不顾一切究竟该怎么办……妈妈会怎么说呢？

伽利略在公爵避暑行宫度过的这段时间是很愉快的。那里空气清新，生活悠闲，对他的健康是十分有帮助的，因此关节炎没有再发作。

王子柯西莫，才只有十余岁，虽不是太聪敏，但十分可爱。伽利略离开王宫回帕多瓦去时，这孩子还没有完全学会使用绘图仪的方法，他们约定下一次伽利略来王宫时再继续学。

柯西莫笑道：“等我长大统治多斯卡尼时，我一定聘你为我的宫廷数学师。”

布鲁诺坚信地球是围绕太阳运转的一颗行星，即便被烧死。伽利略被布鲁诺的精神所触动

望远镜不会做假

大公爵赠给伽利略一些礼物，但并没有永久聘书。伽利略随后也陆续去过几次佛罗伦萨王宫，每次，都受到很好的接待。王宫官员告诉他，目前大公爵正忙着替儿子安排婚事，只要等他稍为空闲一点，绝不会让这样一位出色的学者留在帕多瓦。伽利略含笑着谢谢他的好意，心中已决定不再急于进行这桩宫廷任命的事情。他想，假如他不急着回佛罗伦萨，将来职位可能会更好些。

不久，伽利略就把思乡病搁在一边了，他的家务事使他忙得透不过气来。原来，他和玛丽娜的同居生活逐渐不稳定了，经过那么多年的时间，三个儿女已经逐渐长大，伽利略去多斯卡尼王宫访问，以及他平日与达官显要、学者名流的往来，并不会带给玛丽娜丝毫快乐。

玛丽娜当年来到帕多瓦，这年轻的教授虽然负债，在大学圈子里的地位也不很稳定，但她感觉到，和他住在一起，十分有安全感。她虽然没有读过很多书，但她预测到他将会很成功。她如今敏感地觉得，伽利略的成就愈大，愈会把她丢在一边。他已不再爱她，也不再

伽利略画像

Galileo Galilei.

能满足她现在所需的安全感，即使把他们同居的关系公开为正式婚姻也于事无补。

她宣称："我已习惯在帕多瓦的身份地位，他绝不会以妻子的身份带我去宫廷。我现在马上就要迈入年老色衰的年纪了，万一他抛弃我，我该怎么办？"

她担心着未来的安全，终于乐意答应一位和她年龄相同的威尼斯男人巴鲁兹的求婚。

玛丽娜把这一计划告诉伽利略后，伽利略质问她道：

"那我们的孩子怎么办？"

"我们可以把佛琴和丽薇送到修道院住宿。再过一两年便可替她们安排婚姻大事了。如果她们内心感觉上帝要召唤她们去做教会工作，她们可以去当修女。"玛丽娜说道。

"小男孩文辛呢？"

"他还小，需要我在威尼斯照料。他继父答应过会好好待他。同时，只要你有时间，他也可常常去看你。当然，"她很快地加上这句话，"你要定期寄钱给我抚养他。"

"那是当然的。"伽利略同意。他说得颇愉快，但心中很舍不得和他喜爱的孩子们分开。然而，他仍然感到如释重负，孩子们的抚

※郁金香是荷兰国花

养费和住修道院的费用远比玛丽娜持家管理的费用要少。也许，从现在开始，他可以把债务完全还清，而且可以有些积蓄了。

小男孩随着母亲和继父住在威尼斯，两个女儿住进修道院后，伽利略重新回到他的研究天地里。当他正热衷于教授与研究两项工作时，1609年，他得到来自荷兰的一个令人诧异的大好消息。

几个月前，米德堡一个光学技工李柏舍，曾参与一个天文学界有史以来最伟大的发明。当他正在专心打磨镜片之时，突然听到相邻工作室的一个学徒坐在窗台上发出惊奇的叫声。

“发生了什么事情呀？”他问道。

那孩子激动地嗫嚅着说：“师傅，我刚才正遵照您的吩咐打磨这些镜片……”

李柏舍蹙眉追问：“这就是你像一个粗人那样尖叫的理由吗？”

“师傅，当我把两个镜片对着光，要检查它们是不是擦亮得符合您要求的程度时，我看到——您绝不会相信我从这镜片中望过去所看到的！”

“你如果再把这些镜片混在一起，你这说谎的无赖，小心我给你一顿鞭打！”脾气粗暴的李柏舍说过后，转身要走。小徒弟虽然很害怕，却也很坚定地走向工作台前，继续说道：

“请您不要生气，我敢手按圣经发誓，我刚才从窗外看出去，我看到了那钟楼。”

“除了瞎子以外，任何人都看得见。”

这小学徒又说：“看到的东西是上下颠倒的。我看到两只鹳鸟站在市政府烟囱附近的窝里。”

“你是不是偷喝了我的杜松子酒？敢这样不诚实地向我撒谎！”

师傅伸手拿出木棍就要往前挥打，小学徒急忙躲向窗边。

他恳求师傅说：“您亲自来看一下，这些镜片把那些东西拉得好近！如果我说谎，会不得好死。”

“你不是喝醉了就是说谎。”李柏舍边说边走近那孩子，将两个镜片接过来。经过长久的观望，李柏舍将镜片仔细地按定在窗沿木板上，然后把它收拾好放在工作服口袋中，双手揉擦着眼睛。

他喃喃低语着：“假如这是巫术，为什么我们两个人都同时着迷？你暂时不要向任何人说起这件事，听到了吗？继续工作，保持肃静，让我来把这东西仔细研究一下。”

这位制镜技师心中忖度着。当他把这两块镜片距离拿近些时，看到的房屋不但靠近了些，而且也把那平日肉眼只能看到一小点的鹳鸟放大了。虽然那鸟站立的方向颠倒，却看得十分清楚。他把镜片从口袋中取出来研究。

“原来一片是凹透镜，一片是凸透镜。如此说来，我再用两片，一凹透，一凸透，用同样方法再试试看。”他恍然大悟地说道。

师傅和学徒两人轮流从镜片中观看。两人都同样地激动，都看到第三只鹳鸟，也看到塔顶上更细小的风向标。李柏舍严肃地握住满脸愕然的学徒的双手，向他说允许他休半天假，并给他一点钱，让他到附近村镇上去玩半天。

李柏舍在几小时后完成了镜筒装制，筒管的两端装上一个镜片，并把它安置在他工作房的窗上吸引顾客。好奇的顾客买了这“神奇镜筒”回去当作玩具。李柏舍送给摩利士公爵一件，摩利士公爵把这新仪器在军事顾问面前展示，问他们这种单管望远镜是否可用作侦察远处敌军在陆上及海上或战场上的军事行动?

伽利略后来在他那本引起议论的《星辰信使》中写道：

“大概10个月以前，我听到来自国外的一项报导，说有一个荷兰人做成一副望远镜，能将很远距离的物体，直接看到，物体就像在眼前，并说已有事实证明它的性能。部分人认为这消息是可信的，部分人认为与事实不符……我接到一封从巴黎来的信说这消息已经得到证实……这使我最先想放弃研究望远镜的原理，后来，我却想起我或许可以自行发明一种相同性质的仪器。经我仔细研究光的反射原理后，我成功了。我首先用铅质做成导管，在管的两端各装上一侧平、一侧凹镜片。我从镜筒中凹透镜一端望去，可清晰地看到物体变近、变大，和肉眼相比，类似于把物体拿近1/3的距离和放大了9倍。很快地，我又做成一架，可把物体放大60倍以上。其后，我继续成功地制作出能将物体放大千倍的仪器，距离可达肉眼能见的30倍远。”

※伽利略是第一个将望远镜望向遥远太空的人，人类从此可以看到更远的风景

※意大利水城威尼斯

伽利略在仪器上增加了第三镜片，使看到的物体不再倒立。他的第四个望远镜用于向上看。第五个完成时，他家中访客络绎不绝，贵族、学生、农场工人、大学教授等均等候试看。持怀疑论的人至此无法不相信他们自己的眼睛了。望远镜不会说谎，不会骗人。

伽利略在致友人信中谦虚地说：“我对上帝致最虔敬的谢意，他让我成为第一个观察神奇事物的人。”

但他也难免在他那位为了嫁妆问题弄得不欢的、吝啬的妹夫面前自夸了一番：

“到达威尼斯时，我已做成了这种仪器。6天前，我被召进皇宫，皇上已命令将那仪器在惊奇的全体元老面前展示。部分贵族，虽然年事已高，仍愿爬上教堂高楼以便观览远海上的帆船。用这种仪器观察到时，这些船只，至少需2小时以后才能进港……陛下深知这种仪器的效用，在军事上、航海上，极需保留一架……我当时决定赠送……我被挽留在元老院中逗留了些时间。检察长普里阿里，也是帕多瓦首长之一，我俩握手言欢后，他知道我在帕多瓦大学服务17年，今日又呈赠望远镜给皇上，说已奉令推举我为帕多瓦大学终身教授一职，每年支薪1000金币。由于我在佛罗伦萨原任期只有一年即满，新的薪给从即日开始。”

伽利略微笑着给妈妈讲述这大好消息。他听到妈妈夸赞他说：“假如你可怜的父亲能活到今天，看见你这成就，那该多好！”可怜的妈妈，寂寞而辛苦。现在他可以买一件真正值钱的礼物让她高兴高兴了。

他不希望他的望远镜只用在军事上。他第一次听到李柏舍的奇妙“玩具”时，内心便挑起发明的欲望。他能否重新制造，不，是改良这一个他还不曾见到的机械呢？当他打磨他的镜片时，他试着做各种排列，一会儿这样，一会儿那样，并在问自己：“除了帮助眼睛看远处的船只外，我难道不可以将这望远镜转向天空？”他开始计划他最后、最强力的镜片，用此来开展天文世界的探索与研究。

证实哥白尼学说

每当夜空万里无云时，伽利略就进行星辰研究。起初，浩瀚壮观的天空使他惊愕踌躇。回到研究室后，他强迫着自己写下刚才观察星河所给他的启示：

※伽利略自制的望远镜

“这天河仅只是一大团数不清的星辰围聚在一起，不管你将望远镜朝向哪一部分，一路上全是星星。许多星星极大、极亮，但那些细小的就无法分得清楚。”

后来他又写道：“我已决心要描绘整个猎户星座。但它的数量和需要的时间大得惊人！”

他将纸笔推开，手靠在桌上支撑着脑袋，静静地默想、沉思。

“我会有足够的时间来记录这苍穹无尽的奇景中极微细的一部分吗？”伽利略问自己。他想起他浪费在音乐会和宴会上的时间。现在，他把他的琵琶和乐谱束之高阁，只要可能，不再接受任何访问。有时他忙得连准备授课的时间也没有了，甚至他也觉得匆忙得连单独吃饭的时间都挪不出来。

激动中，他爬上观察实验室，心

※伽利略用天文望远镜观察星星

里有些害怕自己是人类当中第一个看到这奇景的人。月亮高挂天空，好像祝福他创新的伟大探险。伽利略忆起他读过的一则奥维德写的神话，说艾克代如何偷窥月亮女神戴安娜，因而被处死刑。有好一阵子他迟疑着，不敢相信他马上要看到的是有史以来人类肉眼不曾见过的东西。他用手将他那长而多的头发向后抹起，双眼直向天空望去。

这位天文学家不知自己伫立了多久，他完全将自己沉浸在惊奇中。一位侍者带着一件披风爬上楼来，想替他披上，以防午夜露气受凉，引发他关节炎的老毛病，伽利略竟大声斥责他的干扰，吓得侍者急忙退回。其后，伽利略回到书房写道：

“我敢肯定，月亮表面不平滑，也不是很多哲学家们想象的和其他星球一样的完全圆球形。相反，它表层起伏不平，充满着高低沟壑的峰脊，如同地球上的高山深谷一样。”

他一再研究月球的山峰，计算它的高度。从没有一位天文学者——即使拥有现代最高倍数的望远镜——能对他所测得的数字有争论。

1610年1月，他又有一个巨大的发现。他将望远镜转向木星，看到3颗星，虽然很小却十分明亮，2颗在它的东面，1颗在它的西面。第二天晚上，他看见这3颗星全在它的西面。他的记录这样写道：

“木星怎么可能一天在前述诸恒星的东边，而前一天却在其中两星的西侧呢？因此我担心可能是天文学家的计算，将这些星球本身的运转差异忽略了。我焦急等待第二晚的观测，可惜第二晚天空全是乌云。”

第三天晚上天空皎洁，伽利略确信“这位置的变换不是木星而是其他星星”。发现这种情形后的第三晚，伽利略又发现第四颗这种移动的星。他放下望远镜，精疲力竭

知识链接

哥白尼

哥白尼是文艺复兴时期波兰著名的天文学家，太阳中心说的创始人。他的太阳中心说的创立，从根本上纠正了地球中心说，揭穿了宗教神学伪造的谎言，对社会革命起了巨大的推动作用。

哥白尼在1473年2月19日出生于波兰维斯杜拉河畔的托伦市的一个富裕家庭。由于父母早丧，他从小就由当教士的舅舅抚养。18岁时，他来到当时波兰的首都克拉科夫，在克拉科夫大学学习。由于受到意大利文艺复兴思想的影响，哥白尼在那里接受了人文主义思想，同时对天文学和数学产生了浓厚的兴趣，开始用天文仪器观测天象。

哥白尼大学毕业后回到家乡，舅舅为了让哥白尼继承自己的神圣事业，在天主教会任职，就送他到意大利留学，学习教会法律。

1495年，哥白尼来到文艺复兴的发源地意大利，到博洛尼亚大学学习教会法。博洛尼亚大学的天文学家德·诺瓦拉（de Novara，1454—1540）对哥白尼影响极大，哥白尼在他那里学到了天文观测技术以及希腊的天文学理论。哥白尼把自己的兴趣都放在了天文学的研究上，他利用一切闲暇时间刻苦攻读天文学与数学著作，并坚持观测天象，加上他自己的观测研究，他开始对盛行于欧洲已1000年之久的“地球中心说”产生了怀疑。“地球中心说”是古希腊哲学家亚里士多德提出来的，公元2世纪罗马天文学家托勒密又加以推演论证，使它进一步系统化了。地心说认为地球静止不动地居于有限的宇宙中心，日月星辰都围绕地球运转。教会借助这种理论，说上帝创造了地

哥白尼画像

球，并让它居于宇宙中心，日月星辰都是上帝创造出来用于点缀宇宙的装饰品。这个理论被教会奉为金科玉律，用来统治、愚弄人民，为他们自己服务。

后来，哥白尼又先后进入帕多瓦大学和法拉腊大学学习医学、教会法，但他仍不改初衷，坚持天文学的研究。再后来，他在费拉拉大学获宗教法博士学位。哥白尼作为一名医生，由于医术高明而被人们誉名为“神医”。哥白尼成年的大部分时间是在弗罗恩堡大教堂当一名教士。他并不是一位职业天文学家，他的成名巨著是在业余时间完成的。

在意大利期间，哥白尼就熟悉了希腊哲学家阿里斯塔克斯（前3世纪）的学说，确信地球和其他行星都围绕太阳运转这个日心说是正确的。他大约在40岁时开始在朋友中散发一份简短的手稿，初步阐述了他自己有关日心说的看法。哥白尼经过长年的观察和计算，终于完成了他的伟大著作《天体运行论》。他在《天体运行论》中观测计算所得数值的精确度是惊人的。例如，他得到恒星年的时间为365天6小时9分40秒，比现在的精确值约多30秒，误差只有百万分之一；他得到的月亮到地球的平均距离是地球半径的60.30倍，和现在的60.27倍相比，误差只有万分之五。

1506年哥白尼回到祖国，在弗罗恩堡大教堂担任教士。从此，他获得了一定的物质保障与充裕的时间，来从事他所热爱的科学研究工作。为了研究方便，哥白尼特意选择了教堂围墙上的箭楼作宿舍兼工作室，在里面设置了一个小小的天文台，用自制的简陋仪器，开始了长达30年的天体观测。正是在这里，他写下了震惊世界的巨著《天体运行论》，其中选用的27个观测事例，就有25个是他在这个箭楼上观测记录的。

哥白尼还在这本书中批判了托勒密的地球是静止的理论。他指出，地球在运动时，人们之所以觉得是整个宇宙在转动，犹如人在行船上，不觉船动而觉得陆地和城市后退一样。地球不动是假象，地球绕太阳转动才是事实。

1533年，60岁的哥白尼在罗马做了一系列的讲演，提出了他的学说的要点，并未遭到教皇的反对。但是他害怕教会的反对，甚至在他的书完稿后，还是迟迟不敢发表，直到在他临近古稀之年才终于决定将它出版。1543年5月24

日，哥白尼去世的那一天，他才收到出版商寄来的一部他写的书。

在书中他正确地论述了地球绕其轴心运转、月亮绕地球运转、地球和其他所有行星都绕太阳运转的事实，但是他也和前人一样严重低估了太阳系的规模。他认为星体运行的轨道是一系列的同心圆，这当然是错误的。他的学说里的数学运算很复杂也很不准确。但是他的书立即引起了极大的关注，驱使其他一些天文学家对行星运动作更为准确的观察，其中最著名的是丹麦伟大的天文学家泰寿·勃莱荷。开普勒就是根据泰寿积累的观察资料，最终推导出了星体运行的正确规律。

哥白尼知道，他的"太阳中心说"必将给封建教会以沉重的打击，必将暴露上帝创造世界说法的荒谬，所以他踌躇了很久，直到他已是69岁的老人时，才同意将他的《天体运行论》出版。1543年5月24日，当拿到这本书时，他已经瘫痪在床一年多了，他只摸了摸书的封面，便欣慰地闭上了眼睛。

哥白尼创立的"太阳中心说"从根本上改变了旧的宇宙观，揭穿了宗教神学伪造的谎言，在科学发展史上具有划时代的意义，从此自然科学便从宗教神学中解放了出来。

地踱回书房，想起为什么没有能在第一次就注意到这创世纪的发现。

"不是星星，而是月亮！"他激动得透不过气来。他推开窗户，身体斜倚，伸出窗外，呼吸新鲜空气。天空星斗神秘闪烁如小灯。已是深夜，邻近灯光熄灭，一片宁静。整个帕多瓦都沉浸在睡意之中，伽利略重复地默念："不是星，而是月！它们像月亮绕地球运转一样地绕着木星转。"

卫星的发现，令人兴奋。现在伽利略的归纳推理与他料想的理论吻合，他自己已进一步证明了哥白尼的学说。"月亮绕着地球转，木星的四个卫星绕着木星转，地球、木星和其他行星绕着太阳转。"伽利略第二天展开他匆匆写下的记录开始读起来，部分写得很潦草，简直无法辨认。他想了一想，笑了起来："即使是个小孩，只要他能像文辛一样聪明，一定也会懂得，因

※现在人类已经能将天文望远镜送上太空。图为太空中的哈勃望远镜

为望远镜不会做假，就是亚里士多德也要接受我的发现了。”

他把这些发现的经过写在他引起争论的《星辰信使》一书中。许多一直对哥白尼理论有信心的天文学家，读过这本书后都感到喜悦与欢欣。开普勒在写给伽利略的信中说：

“这样一桩几乎是胡说的事，真把我给惊喜得发愣了！我真不敢相信，我们以前的争论会以这种方式来解决……我盼望我马上有一架望远镜。”

后来，他自己也制作了一架相同的望远镜。望远镜已不再是天文学家独有的宠物了。驻威尼斯大使们和航海商人将伽利略的成就传遍欧洲各国。远处国家的皇室立刻要求一架同样的望远镜。奥地利国王鲁道夫急于想要看看这种仪器，却被代表教皇的一位大主教自私地阻止了。在法国，皇太后玛丽亚公开地躺在地上观看天空星斗，吓坏了一群宫中的妇女。

科隆统治者候选人斥责《星辰信使》一书不完善，未载明新仪器制造的细节。他建议伽利略将其秘密与他共享，并答应给他巨大报酬。但伽利略在经历过多斯卡尼的教训后已经学乖了，他对国家君主已经失去了信心。甚至，在他接到弟弟米盖的一封长信后，对家族也失去了信赖。

这一次，他那以音乐为生的弟弟，倒不是为了哥哥发明了望远镜赚了不少钱而来向他要钱的。他这次是来劝说伽利略与前述候选君主合作。他信里写着：“希望这次合作能对我的升迁有不少好处。为担保这次升迁，你必须获得佛罗伦萨大公爵的介绍函，寄给我现在的老板。当然，你一定了解，信里言语要措辞美好，我相信你一定能很容易地办到。”至于米盖自己，他说他不要别的，只要一架望远镜。

“我虽然不能像一国君主般地酬劳你，但至少，我是你的弟弟。”他这样提醒伽利略。

伽利略收到开普勒的信，最感振奋。开普勒在信中说：“在仔细研究过他的全体天文学术人员的报告后，这位帕多瓦大学教授的报导似属正确无误，而我自己写的《气宇宙志》一书也几乎全属错误。”天文学界权威开普勒的这种勇于认错的精神温暖了伽利略的心，也使他更加能够忍受其他仍连续不断寄来的批评。

伽利略自从有了望远镜以后，声誉虽然与日俱增，但嘲弄和辱骂的风暴也在逐渐升高，一些较怯懦的科学家常会被诱惑而指责他是错误的。

这些学者们叫喊着：“但亚里士多德说过……”

伽利略回道：“亚里士多德心里常企图发现新真理。他如果有机会用我的望远镜去观察，他一定会改变他的观点的。”

“托马斯·阿奎纳教廷医生说过……你敢否认教廷宣布的真理?”教会人士大声怒吼。

“我是教会忠实的孩子。”伽利略辩护说。对那些攻击他不虔诚的人，他会重复巴朗尼主教的话：“圣灵在圣经上是教我们如何走向天堂，而不是天空。”

他将很多攻击他著作的争辩搁置一旁，他对命理学一向没有好感。现在他才晓得，世间只有7个天体，太阳和月亮包括在这“游星”中。“7”这个数字，从远古至今都被视为“吉祥数字”，怎敢有人增加4个卫星上去，而把这数字改成11呢?

佛罗伦萨有一位贵族名叫西积，他因攻击伽利略而使自己的声誉提高，他庄严地申述：

“动物的头上开有7个窗孔：两个鼻孔、两只眼睛、两只耳朵和一个嘴。因此，在天上有两个善良的星、两个不吉祥的星、两个领导的星和一个好坏无定、漠然的水星。大自然里和这个雷同的现象，多得不胜枚举。我们可以说，行星的数目必定是7个……此外，这些木星的卫星，不是用肉眼就可以看到的，

天文学家

因此，地球不受影响；因此，它没有用处；因此，它不存在。”

西积拒绝在伽利略的实验室用望远镜观看，可能是他害怕看见木星的卫星。另一位意大利颇有声誉的哲学家黎百里，也拒绝观看和拒绝相信，他不久便去世了。伽利略说，他希望黎百里在他走向天堂的路上，可以看到围着木星的卫星。他这句轻率的话被攻击他的人引用，说他轻蔑神圣。

伽利略有时虽然很生气，但大多时候，他比他的敌人表现得更沉着、庄严。有时他甚至能以诙谐的态度处理这些他生命中最大的问题。1610年他写信给开普勒说：

“你为什么不来这里呢?我们可以听到对这一大蠢事的叫号狂笑、争辩，好像他们有神奇的魔法，可以将这几个新星从天空中驱除哩!”

在这争辩的纷乱期间，伽利略继续不断地向天空搜寻。有一天夜晚，他惊奇地看见土星旁边少了一些侍卫的小星星。他写道：“它们突然飞走隐退了吗?难道这镜子真是欺骗了我和许多人?”5年以后，他把这迷惑而令人不解的侍从星群描述为“手柄”群。由于伽利略仪器的性能有限，他永远不能解释这群神秘的土星星环。

伽利略名气日增的消息使大公爵想起了他。伽利略虽未表示要在王宫觅得一席官职，却曾一再表示想回到故乡佛罗伦萨。大公爵生病时，公爵夫人克丽丝汀央求伽利略替她病中的丈夫绘制天宫图。这项命相术工作最使身为科学家的伽利略头痛，但又无法拒绝。伽利略的计算一向少有错误，唯独这次，他告诉公爵夫人，星象显示公爵可以很快康复，而大公爵却不幸很快就去世了。

柯西莫继死去的父亲后做上了多斯卡尼君主。虽然他好像忘了他孩童时期约定聘请伽利略为王宫数学师之事，但他仍不时赠送伽利略贵重礼品，同时邀请他到王宫作客。伽利略将新发现的四个卫星命名为“麦第西星群”，以纪念大公爵。宫廷大臣温达随即建议伽利略回乡任职。

伽利略得到几个职位，担任两类工作：一是比萨大学首创数学教授的职位，这一职位使伽利略十分安慰，他曾经被这一学术首府轻视和疏忽过，如今能如此光荣回来，他感到十分快慰。另一个是担任多斯卡尼大公爵宫廷哲学及数学师，这一职位有权仲裁科学争论事宜。但他的主要工作，温达写道：“将是继续他的科学调查研究，以增加宫廷和城邦国家的荣耀。”

伽利略很高兴地和他的朋友们谈及："我的薪金今后将足够家庭开销了。这两样工作都不会再压着我，损坏我的健康。我无需住在比萨，甚至不必在该处固定地排课，我可以把绝大多数的时间安排在实验室中。"

这次来伽利略家庆贺的教授中，有一位听了伽利略的话后，摇摇头说：

"你是说，你希望继续观测和写作？"

"当然!我会有很多时间用来做发明、写机械学和宇宙组织。"

"伽利略，如同很多别的学者一样，我们都认为你是我们这一时代最伟大的有识之士。但是，在许多方面，你却像一个纯真的小孩。你该知道某些教会的有权势人士，已经在大声攻击你第一本著作的发现。在帕多瓦，你已享受18年的完全自由。我似乎无需提醒你，我们威尼斯的统治者，对罗马的权势无所畏惧，必要时可以挺身而出，为你抗拒教会的审判。"

伽利略辩驳说："在佛罗伦萨，我也可在多斯卡尼大公爵个人的保护之下。"

"据我们所知，多斯卡尼是在罗马圣父的压制下。"

伽利略仍争辩着："必要时，我会亲自去罗马解释我的望远镜的发现过程。大主教和圣学院都会成为我的朋友，我没有理由去害怕教会的故意审判。"

另有人问道："难道你觉得这18年来在帕多瓦的生活不快乐吗?"

伽利略回答说："这是我生命里过得最快乐的时光。在此地我享受到真正的自由，没有自由，我不会有今天的成功。但是我绝不会忘记我父亲提起达·芬奇死在离开故土很远的他乡。朋友们，你们都同样爱你们的故乡，不管它是一个简陋的山谷村庄还是亚得里亚海的天堂威尼斯。对我来说，佛罗伦萨是我的第一的、最亲爱的地方，我必须回到它的怀抱里。"

屋子里静寂了一阵，然后一位年纪最大的教授率先站起来，他说："我们已经警告过你，伽利略。现在再没什么可说的了，朋友们。"他举起酒杯说："在这位对我们的大学有如此不朽光荣贡献的人离别之前，让我们一起祝福他继续成功和幸福。"

大家干杯的时候，伽利略偏过头去掩饰住自己的眼泪。他觉得再也不可能有那么多忠实的朋友团聚在他桌旁了。

金星盈亏现象

在1610年9月的一个晴天，伽利略回到了他祖先世代居住的城市。佛罗伦萨在这忠心耿耿的后裔儿子眼中，显得格外美丽。白杨迎风招展，蔚蓝的天空含着微笑，比帕多瓦更迷人。他看到围绕着城市的小山、橄榄园、黄土路上的大白牛拖车、羊群徐徐走向市场……眼中露出深深的满足。

※意大利古老街道

从邦维齐的中央拱门可以看到圣明尼阿多教堂在柏树顶上露出的许多塔顶。他一面微笑，一面转身走近亚诺河岸的渔家，看他们向房屋窗户里抛掷捕鱼网。

伽利略经过大教堂、王宫、店铺、寺庙一带，走向母亲的住处，一路上不时伫立回想，幼年时的一切如今又重现在眼前。骡车挤满小街，市场上小贩叫卖鸡蛋、乳酪的声音；柳条篮中的野兔和吱喳着的禽鸟；掷骰子的人大嚷着运气不佳；一两个乞丐伸手讨钱……伽利略心中有一股冲动，想拥抱他们，只因为他们说的话全是多斯卡尼乡音。

家庭已不再给他麻烦了。妹妹和妹夫变得很亲切，他们非常欢迎这位新任的皇家数学师。两个女儿，穿着修道院的制服，羞怯的、静静的，快乐和满足地上前迎接看望她们的父亲。玛丽娜的来信说小男孩文辛一切都有进步。还有，伽利略从今以后再也不会被妈妈的嘀咕打扰了。对于一个半疯、年迈、快进坟墓的长辈的斥骂，还有什么不可容忍的呢？

使伽利略觉得更好一些的是，以后不必一定要和母亲住在一起。除非家里也能建造一座天文观测实验室，不然，他轮流在几个设备豪华的朋友家住，将更恬静些。

伽利略去比萨大学时，受到的热烈欢迎使他心满意足。他曾经因贫穷寒苦未能获得一个学位，又因为思想奇异等原因而被该校强迫退学。如今，他已是一位有名的博学之士了，是全欧洲科学界最有名望的科学家之一，也是皇家大公爵的数学和哲学师。

在王宫的一个晚宴上，全体宫廷人士都在聆听他的望远镜发现的讲解。回来后，他思量着："我不知道，像这样的黄金日子能有多久？当我还是一个小学生时，我读到一则故事说，一位立功将军赴罗马饮宴，这位将军为了提醒自己的光荣只是短暂的，便指定一名奴役和他并骑而行，要奴役不时向他耳语：'主人，你仅是个普通的人！'"

伽利略立刻警觉到，多斯卡尼宫廷中他仍有不少敌人，他不能让自己得意太甚。他的老仇敌大公爵的叔叔，绝不会忘记那桩挖泥机失败和丢脸的事。西积的愚蠢和报复心，像一只发怒的黄蜂，永无休止地嗡嗡地干扰。还有一个最可畏惧的敌人是马西米提西大主教，他

在伽利略的眼中佛罗伦萨格外美丽

开普勒（1571—1630），德国天文学家

是当地强势家族的光荣人物，也是对麦第西家族最刻薄的一个人。此外，还有其他的敌人，如嫉妒伽利略在天文学方面的成就的学者、一些耶稣会人氏……现在，在一种不安的休战情况下，他们都在静静地等待出击机会。

另一方面，蒙特主教为答谢伽利略赠予他的望远镜，也回赠了一幅镶有珍珠的图画和一封诚挚的书信。耶稣会罗马学院数学家克勒菲神父写信来告诉他，学院很多教授都承认木星的几个卫星存在的事实。最令伽利略感到欣慰的是，他所深深敬爱的开普勒，公开地陈述他已从望远镜中看到了至今仍争论不休的“麦第西星群”。伽利略将实验室布置妥善后，就继续他的天文观测。回到佛罗伦萨后约一个月，他在观测金星时，又有了极不平凡的发现。金星的光亮时而增长，时而消退，一直使人迷惑不解，如今第一次从望远镜中望去，伽利略发觉它极其类似月亮。

伽利略对没有证实的事不敢公开发表，但他急着想把这重要发现告诉他的同行科学家开普勒。但是伽利略暗忖：“假如有人偷看我的信呢？我能用拉丁文写吗？开普勒不懂意大利文，我不懂德文。我如果用拉丁文，任何一个科学家都可看懂我对金星光度盈亏消长的描述……有了！我们在学校念书时都念过诗人奥维德的习用引言，开普勒一定可以了解我用的密码。啊，不，这引言中缺少我需用的两个字母。我如何将这字母拼进去呢？对了，我总共需用35个字母。”

伽利略好像孩童一样地欢乐，他用密码写给开普勒说：

“这些事情尚未成熟到该发表的时候，而我也还不尽了然。”

而开普勒译出来却是：

“爱之神，金星，模仿着女神，月亮，一样有盈亏消长。”

最后，伽利略终于向世人宣布：

“金星如同月亮一样是有盈

亏周期的。金星现在到达太阳系行星轨道上的一点，恰在太阳与地球之间，仅有部分受光的表面朝向我们。望远镜中所见为半钩形，与月亮在类似位置时形象相同。”

对伽利略来说，这一发现——金星围绕太阳转而且接受其光线，足以证明宇宙的中心是太阳而非地球。伽利略有了望远镜，能够实际地看到这些变化的进行。现在可证明给向天文学者挑战的亚里士多德学派的人看了：各行星都是绕着太阳转动，则金星和火星必会像月亮一样盈亏消长。

伽利略多年来面对不少动乱变动，至此才获得了胜利。现在剩下最后一个需要反驳的，即证明托勒密的错误，这也是哥白尼未能证明的。

金星盈亏

罗马的春天

伽利略是第一个对太阳黑点提出研究阐释的人，这一观念甚至比发现金星盈亏现象更为重要。亚里士多德曾宣称太阳是完美无缺的，因此，他的门徒都信奉这一理论，也同时相信天空只有7个行星。现在，望远镜清楚地揭开了这项错误。伽利略的太阳黑点观察最重要的结论是，太阳在它的轴心转动。这黑点在他望远镜上明确显示是在不同角度看到的。

伽利略现在想起，他必须去罗马一趟，以获取他早已想获得的教廷认可。他感觉到他已从罗马学院的一些受人尊敬的学者们那儿成功地阐释过了哥白尼理论的真实性。现在，时机已经成熟，他该听从克勒菲神父的建议，亲自去拜见教皇和他的主教们，让他们了解通过望远镜所发现的一切。这种证实不但对佛罗伦萨的天文学者，对全欧洲天主教国家的科学家们都会有所帮助并带来益处。

※ 圣彼得大教堂

这次重要的罗马之行，还存在着比促进真理推行以外更重要的一层意义。伽利略出身天主教世家，从小就是天主教的虔诚信徒，他从

不曾有过追随多米尼克教派或布鲁诺倡导的反对教会派系的念头。有时人家说他宣布的事情有违他的信仰，他内心就深深地感受到伤害。伽利略深信，科学与神学是截然不同的两回事。

伽利略心想，现在时机已到，我要赢得宗教权威的认可，让世人都知道自己是一个忠贞的天主教徒。

回到佛罗伦萨不到一年的时间，在一个春日里，伽利略启程前往永恒之城——罗马。伽利略当时47岁，虽是中年，且患有关节炎，但他披上丝绒斗篷，穿着刺绣的长袍，显得十分潇洒。他还特别珍重另一个装饰品——一串纯金的项链。这是几年前，伽利略将木星的卫星群取名麦第西以纪念大公爵世家的时候，大公爵送给他的。柯西莫二世送了一辆马车给伽利略，任由他支配。他靠在舒适的马车坐椅上，想着自己多年来从一个衣衫褴褛、饥寒交迫的学生，变得如今以这样的身份踏上去罗马的路途。他突然想念起父亲，但愿他能活到现在，分享这令人不能置信的好运。

最后，他到达罗马——这世界上最荣耀的城市。伽利略不得不承认罗马比威尼斯，甚至比佛罗伦萨更壮丽堂皇。他观赏着伟大的教堂、皇宫、纪念碑、桥梁、喷泉。他回顾着西塞罗在此论坛上的演讲，将军们带着囚犯从耶路撒冷凯旋。伦敦、巴黎、科隆这些小城市

※罗马凯旋门

怎能与帝王、教皇的雄伟古堡皇城相比?

台伯河对面耸立着隐约可见的哈德连皇帝壮丽的陵寝，历经风霜雪雨的大块砖石现已改作城堡。每个意大利人都听说过在这座城堡监牢里，多少囚犯迅速被杀，多少被公开处决，令人毛骨悚然，不寒而栗!

在梵蒂冈主场中，伽利略伫立在一个埃及式尖碑前。正是这个纪念碑触发了他对古代机械力学的兴趣。碑石是凯撒搬来罗马的。这项25年前的工程居然能有这样的功绩，重达2000—5000吨的石块如今屹立在圣彼得大教堂前。

伽利略听说过，当这柱轴被放落时，工人们先作告解，然后举行两次弥撒，所有罗马的伟大人物和从其他地方来意大利的贵族们和工人一起跪地祷告。

伽利略冥想着，这些工人是应该受到祝福的，他们为上帝和它的教堂出了力，他现在也应为它的宇宙和它的子女尽力。

他挺起胸膛，眼内突现光彩。啊!埃及的托勒密，你曾经统治埃及人心，像这石碑一样，无人敢违逆你，但你的统治已结束了，整个世界即将立刻接受哥白尼、开普勒和伽利略的学说了。很快地你就会成为旧日遗迹，就像我的国家毁掉你的国家的这块石碑一样。

伽利略骄傲地咆哮着，他却绝对想不到在以后的岁月中，他会在这个城市受到怎样的羞辱和痛苦。

但在伽利略第二次胜利地访问罗马时，他的确尝到了征服者、胜利者的甜果。他常自问这到底是不是真实的他?一个羊毛商的儿子，由最有名望的学者、大使来接待，由主教和君主们邀宴共饮。

罗马学院耶稣会的天文学者热烈地欢迎他去参观他们布置有精美窗户的大型参考图书室和很多的设备。设备虽多，却不尽完备。身着黑袍的教士接过伽利略带来的望远镜轮流观看天空，有些立刻记录下他们的所见，并匆忙地回过头来，谛听这位来自佛罗伦萨的访客讲解他们刚才所见到的情形。伽利略曾一再访问该学院，尽管并非每一位院士都接受他的见解，在科学上有所争辩，他们对这位杰出来宾的礼貌与态度仍是极为良好的。

贝拉明诺主教，一位杰出的耶稣会哲学家，也参加了在学院举行的望远镜示范说明。他很诚恳地请伽利略针对曾引起争论的《星辰信使》一书作一个说明。在组成委员会的讨论中，大家仅对其中一处略有意见，其余均认同伽利略的看法，伽利略对此十分高兴。

伽利略拜访教皇保罗五世，但是情况并不是想象的那样好。教皇仅允许少数教廷中人听讲。他智慧地决定将科学方面的问题留给位置并不太高，但有学问而属于教廷的成员去处理。这位世界上最有权力的教宗和这位在这一世纪中最伟大的科学家俩人，只是简单的见面，相互问候而已。伽利略弯着他患有关节炎的僵直膝盖行礼，接受了教宗的珍贵祝福。

一部分主教和伽利略有较多的关于天文科学的讨论。这组由有学识

※伽利略发明的折射式望远镜

富丽欧洲

的巴伯瑞尼主教所领导的组员，首先向伽利略伸出友谊之手并允诺给予支持；部分有影响力的组员深致倾慕之意；其他许多组员，受巴主教的影响，虽未曾读过伽利略的《星辰信使》一书，也大多表示赞赏。

外国使节及罗马贵族均纷纷邀请伽利略赴宴。一晚接着一晚，以酒宴、音乐及娱乐款待嘉宾，然后对有关新发现的询问召开了讨论会。伽利略的言语极富魅力，常使宾主尽欢。

在众多宴会中，塞西公爵的一次邀请给伽利略印象最深。公爵府里古色古香，富丽堂皇，餐具、家具装饰不是金银珠宝就是稀世艺术古物，而参加宴会的人都是些名媛贵妇、学者专家及各教会知名教士。

菜肴一道比一道丰盛，伽利略饭量平时就很大，当晚他放怀畅饮，一再干杯。伽利略差点为美酒而醉，幸好公爵及时邀请他讲解望远镜发现的新事物，才转移了他的注意力。

主人在座位上起立，向宾客颔首致意。他说道：

“我们实在显得有些失礼，这么晚在您这样疲劳的时候，还要邀请您来说几句话。但是，对我们大多数人来说，今天晚上的最高潮部分，就是由您这位贵宾之星，为我们大家讲述在您的宝杖下所观察到的星星。”

一位来自威尼斯的金发美女靠近伽利略的耳边咯咯地笑着说：“宝杖?他一定是指望远镜，我们的公爵变成诗人啦!”

另外几位宾客附和着说：“是呀!我们要试看一下望远镜。”

伽利略有些站立不稳了。这时，他感觉自己就像站在帝王群中，他暗自思忖着：我伽利略该不愧是麦第西家族的后裔了。他内心欢腾地想着：我们原是佛罗伦萨有权势的家族，但我是当中最光彩夺目的一个，因为我已成为一个国王——有一支望远镜，一支宝杖。

公爵问他：“您把望远镜带来了吗?”

伽利略点头，说道：

“在我年轻的时候，参加宴会时我总是把我的琵琶带在身边。我常希望乐队会邀请我，在席终人散之前演奏一曲。”

他假装在长袍底下摸索。威尼斯的贵妇微撅起小嘴说：

“你只带来琵琶?我的总督叔叔曾告诉我，他已见过你的神奇望远镜了，我希望……”

伽利略说：“有机会指挥天上的星星跳舞，谁还有兴趣参加地上的管弦乐队呢?很幸运的，今晚天空洁净如洗，我要让你们看到你们这辈子从未看到过的奇景。”他直对

※中世纪欧洲贵族生活

着她的眼睛微笑。“我有仆人看守着我的望远镜，”伽利略转身对公爵说，“请你告诉大家耐心等着依次轮流观看。”

公爵颔首答应，有几位漂亮的妇人拍手称好。但一位罗马学院的教授一脸不满的神情，自言自语地发牢骚说：“不该在这样美好的宴会中做什么科学表演。”另一位年世较高的主教，提起长袍，向公爵道歉提前离开了宴会。他低声地抱怨着说：“我的医生叮嘱我早睡，现在已经超过了我上床的时间。”他觉得此时不宜揭穿伽利略虚伪的炫耀式的表演。

伽利略愉快地带着他的望远镜走上王宫的高塔，其余全体宾客都十分高兴地跟随着主人和伽利略。在塔上四周有石墙的平台上，夜凉如水，微风徐徐。伽利略恢复了清晰、镇定的神智，他不再自负、自大和开玩笑。他将望远镜调整好，开始当起了老师。他解释说今晚的观察很幸运，能看得见木星和它的4个卫星——“麦第西星群”。

第一个去看的是公爵，观赏结果使他有非常美好的印象。几位贵妇人跟着轮流观看，对奇景十分赞赏。然后是威尼斯妇人，当她站立在望远镜前时，笑着对伽利略说，如果看得合她心意，愿赏香吻。伽利略一笑置之，他刚才已从镜中看到当时的景象，心中止不住一片惊愕。

那妇人从望远镜中清晰地见到1颗行星和4颗卫星，然后，她要求说：“稍等一会儿，让我把它放低一点……可能我会看到。是的，这里是圣约翰教堂、这箴言语录、这亮着的灯。天啊！我看到了门上刻着的献词。”

旁边一位疑心重的天文学者，忘了礼貌，把贵妇人推开。他从望远镜中望去，过了很长时间，他抬头谦虚地对伽利略说：

“我当着许多兴高采烈的贵宾们的面说，我必须请求你原谅。我以前很愚笨地相信毁谤你的人，他们说你在你的仪器内预先刻好了观察人该看见的东西。但是，高贵的主人，”他转向公爵，他说他看到了木星，“用这同一镜筒，我如今可以看到我们神圣主教刻在教堂门上的箴言。那些毁谤你的人实在可恶，因为你从未使用过那种诡计。”

伽利略听了他的话后，对自己忠诚献身科学感到几分快慰。可是，他这股快慰感立刻就停息了，他发现公爵的来宾都开始对于看、读那主教箴言感兴趣了，而对观察木星星球的热情反而消退了。

“我给他们星星，而他们却像儿童一般转向那彩色球！”伽利略心中感到有些不快。这就好像是他自己变成博览会里耍把戏的人，被一群张嘴伸舌的乡下人围观着。他希望那威尼斯的漂亮妇人忘记她所作的承诺。在他这新的贬抑情绪中，涂满口红嘴唇的接触更能增加他今夜痛苦的回忆和羞辱。伽利略看到她仍是有说有笑，左顾右盼地由一位男士陪着下楼去以后，这时心才舒了口气。

仆人侍候他上床后，他自言自语地说："醉梦中的赞扬和甜吻已过去。我已渐入老年，应该避开这种宴会。我该把晚上的时间多用在读书和观察天文上，谁知道黑暗会在什么时候来临？"

春天的温暖宜人减轻了他关节炎的痛苦，但他忘记了佛罗伦萨宫中御医的警告："不要太辛劳、太激动，更不要吃喝过量。"

"我在比萨当学生时，又瘦又饿，从不生病。"他在床上翻来覆去，关节酸痛难眠。他取出御医给他的药物，尝了一点点，做了一个苦脸，又喝了一点，然后把它丢在地上。

伽利略心里想着：再有名望的医师也不过是一个傻瓜！我不信我伽利略的祖先能够配出可以止住我痛楚的药来。我幸而没有为了要使父亲高兴而继续学医，不然，像这个行业的其他笨蛋一样，我也无法医治自己的病，反而只有咒骂自己愚笨的份了。他一面想着，一面吹熄了蜡烛。

※木星是行星中的"巨无霸"，它的卫星就是伽利略发现的

暗伏的危机

天上有3颗彗星出现，激发了天文学家的想象力，却更激发了一般无知民众的恐惧，担心大灾难即将来临。这时正是1618年“三年战争”的开始，它带来了恐怖的死亡、瘟疫和饥荒。这场战争夷平了许多大城市，使无数乡村变得荒无人烟，德国人口减少了1/3。

伽利略健康不佳，无法再继续研究天空耀眼的星象。这时，正逢奥地利君主里奥波来意大利访问。来到佛罗伦萨的贵宾，少不了好奇地要去访问伽利略。伽利略在病榻上告诉里奥波关于彗星的理论，并称述他早有意作进一步的研究。其后，伽利略听到格拉西神父的一篇有关彗星的公开讲演，其中曾提及其研究的最近发展，却故意不提及伽利略的名字，使得伽利略十分生气。

伽利略不假思索地表示对此疏忽极为不满。他的一位弟子带了一篇有关格拉西的文章给他阅读，使他更加忍耐不住，于是同他的弟子编辑了一篇文章予以付印。

格拉西神父又写了一篇专门针对伽利略攻击的论文，指出伽利略的发现均是剽窃自别的科学家。其中还带有可能会造成巨大伤害的挑拨言辞，他说：“伽利略的门徒在文中甚至没有提到哥白尼的理论。是不是因为教会最近已宣告哥白尼之说属非法，而伽利略就不再相信哥白尼的学说了呢？”

名人名言

科学的唯一目的是减轻人类生存的苦难，科学家应为大多数人着想。

——伽利略

伽利略对他部分最可信任的朋友说：“我敢回辩格拉西的谎言吗？我可以很简单地以几句话澄清剽窃的攻击，但是，有关牵涉哥白尼学说的事，自从去过罗马以后，我一切都很谨慎，我没有再写过一句有关这些敏感问题的文字。但是，假如我现在宣称我不信哥白尼，这只有给予他更振振有词的机会，我绝不会这样做。假如我完全不理会他的攻击，那又会造成我的理屈，好像我承认了这罪过似的。”

商量的结果产生了几种不同的意见，但有一点大家全都同意：宗教战争，也就是所谓的“三年战争”，使多斯卡尼这个天主教派的城邦国民，只要有任何对罗马当局持反对意见的，都会导致危险或不幸。战场上的屠杀已因马丁·路德革命而掀起，为了压制基督教派势力的扩张，罗马天主教派必然尽一切手段对外作战，对内则清除一切异己分子和邪恶学说，以铲除任何反对势力的存在或潜伏。

路德已放弃哥白尼学说，并宣称哥白尼是愚人，且斥责其对宗教不敬，如此，便没有人再把他的理论视同基督教派了。伽利略知道，在这宗教冲突最激烈的日子里，罗马随时有可能会判他死刑。审判会会因为他是一个宣誓过的天主教徒，而又已拥有很高声望，足可以领导许多真诚信徒走上错误的道路的罪名来治理他。

耶稣会实际上已控制了整个多斯卡尼省。伽利略知道，他已不可

※过去，彗星的出现总能引起人类的恐慌

能从宫廷中获得支持。但在罗马，他的老学生和忠实信徒辛波里阁下，现在是教皇的秘书，在梵蒂冈有极大的影响力。他和另外几位声名显赫的教会人士仍对伽利略有信心，力劝他替自己辩护，并应允支持他。

在格拉西诽谤伽利略后的第三年，伽利略发表了他的回答。他小心谨慎地避免将哥白尼论战牵引在内，既未否认也不肯定那被非难的学说，他说他仍旧相信他能解释这种新的宇宙论。他把这些文稿送给罗马全部审判会会员。有人反对这份文稿的印刷出版，但他受到教会内一些朋友的影响，终于克服了所有的偏见，获得允许付印。

这本论文出版的时候，伽利略已近60岁。长期的病痛，以及对敌人逐渐增加的恐惧心情使他变成一位衰弱的老人。书出版后，好评不断拥来，这又使他恢复了年轻活力。他想要把帽子抛向天空，大声欢呼，活像他俏皮的儿子文辛从罗马传来最新消息一样，因为伽利略的一位喜爱艺术与科学的老友兼保护者巴伯瑞尼总主教最近升上了教皇宝座，成了乌尔班八世，统治天主教世界。他赞赏过伽利略的发现，在一封赞扬的信上，自署为“你亲爱的兄弟”。

伽利略的希望并没有得到认可，巴伯瑞尼任总主教时很年轻，要想调和科学和宗教信仰没有多大困难。他鼓励自由思想，甚至在就位后，他对教会给哥白尼著作的禁令，仍不以为然。他说：“这绝不是我们企图要做的，如果是在我们的手中，这道禁令绝不会颁布的。”但是，这三角皇冠一经戴在乌尔班的头上，他不但要面临逐渐增加的偏执和盲从，而且路德和加尔文的革命，使得血腥遍布世界的各个角落，他不得不放弃他以前的自由主义。

但目前，伽利略仍深受乌尔班教皇友谊的款待。1624年春天，伽利略到罗马庆贺教皇登基时，乌尔班曾私下接见过他几次，并赠给他儿子文辛教育奖学金。他送给他老朋友一幅镶有金框的图画、一面银质勋章和一些他接受荣誉时的小型圣职相片。

格拉西及其一派即使深感不悦，也只有埋在心底，而伽利略和其他自由思想者的朋友们则公开表示欣慰。他们都不再担心伽利略的前途，因为乌尔班教皇有封长信给多斯卡尼大公爵，信中对他的宫廷数学师赞美有加。

给年轻大公爵费南度二世的信中，教皇写着：“我们发现他不但声名卓著，且忠贞虔敬，确实应该受到我们的敬重，也希望阁下多多给予关注，这是我的荣幸。”

伽利略回到小山庄后，就开始从事他早已想写成的晚年巨著。虽然他心里对审判会的警告有所禁忌，但他还是决心坚定地写下他长期从事哥白尼理论的研究与发现，并确认该理论确实是真理。

在病痛和对来自罗马的惩罚的害怕中，伽利略曾受到汤玛斯·坎波尼拉的莫大鼓励。这位大无畏的自由斗士也是属于多米尼克教派，1595年他在帕多瓦大学时，即配合伽利略对亚里士多德的死党派进行过挑战。宗教法庭曾将他判处监禁，但很快又释放了。其后他又因被控从事政治密谋再度入狱，在狱中他曾受刑罚，然后被判死刑，最后缓刑而改判终身监禁。经过27年的监禁，他由宗教法庭审判会假释在外，终于恢复自由。

但坎波尼拉神父从不畏危险，他在他家乡卡拉布又牵涉一桩阴谋案，被迫从意大利逃到法国。当地主教理治部不但予以庇护，还赠予年俸。这一个大无畏的亡命之徒，5年后在巴黎居住，最后在多米尼克修道院中安详地去世。

坎波尼拉在那不勒斯监狱中已证明，黑狱中的自由光芒是最亮丽的。他在此完成了他有名的著作《为伽利略辩护》一书，经由走私者送至法兰克福，于1616年出版。

这本书如果只是为伽利略及其学术而辩护，则伽利略将把它视同一般恭维他的文献看待。但这本书的内容并不只是为伽利略辩护，其中还包含了坎波尼拉神父对科学见解非常富有精辟性的立论。他指责

※剑桥大学

经文经典无知的结果是造成发展新科学的阻碍。他对嚣张狂傲的圣职人员大加挞伐，他写道：“他们现在自命为教师，而耻于做学生再去学习。”他抗议：“科学仅被允许去观察，而教会却坐在那儿做评判。”

这位殉道者对科学观察方法的反抗辩解，正是伽利略多年来所引用和推展方法所遭遇到的困境。在审判会给予警告役的几年里，伽利略对坎波尼拉神父的前车之鉴心怀战栗。伽利略自忖：“坎波尼拉神父不畏牺牲的勇敢精神，实在可佩！但是，我是否也有这份勇气去追随呢?”

“我必须要非常的谨慎。”伽利略决定，如果能谨慎些，一个人仍可把真理得以伸张，而免去牢狱之灾。

描述伽利略成就最高峰的伟大著作，最后终于完成。他根据该书内容的某些重点所在，把书名定为《宇宙论两个主要系统的对话录——托勒密和哥白尼》（简称《对话录》）。他一再校读这部巨稿，时而增加一言，时而减去一语。到完成时，他的头脑已不胜负荷，他最后静静地休息了好几天。

“我必须好好休息一番，”他想，“到罗马后我不能再有迷糊不清的情况，我必须全力以赴。”

伽利略知道，这部《对话录》如能在罗马出版，肯定能畅销。他早准备把这本书送到梵蒂冈审查会诸成员们的手中。

印刷事业的发达有助于新思想、新观念的传播，城邦王国和教会当权者都认为这是很危险的一件事。这时，检查权并不只限于教会。莎士比亚曾谨慎表达他对政治与宗教事务的意见。在以基督教为国教的英国，莎士比亚也必须先获得一纸许可证才能使他的剧本得以付印。在罗马，教皇有权禁止审查会认为非法的任何书刊发行流通。

罗马的审查员读过《对话录》后究竟是怎样的情形?众说纷纭。数百年来历史学家争辩议论这一审查的限制，以及命令伽利略修改之处究竟何在。伽利略的敌人后来坚称是在要求伽利略获得教会出版许可前先予以更正，而伽利略答应照办。伽利略的拥护者却同样大力地宣称伽利略不曾修改过一字一语。

伽利略回到佛罗伦萨后，这事情仍未解决。他不断与罗马审查会有函件来往，经过一年多的折中仍不得要领，伽利略于是将该书在佛罗伦萨出版。他首先将手稿送给多斯卡尼的代表审查会，再通过该会与罗马交流与沟通，佛罗伦萨审查会签证准予出版，签准官员中列有教会总审查员的姓名。

《对话录》问世

在1632年，《对话录》终于出版了。欧洲最伟大的一些学者都来信热烈地道贺、赞扬。伽利略对坎波尼拉的赞扬最为重视，坎波尼拉说：“这是真理的文化复兴时期……这些新系统和新观念掀开了新的纪元。”

对伽利略来说，经过许多辛劳后所得到的休息，将使他展开另一个新的、快乐的生活。他最害怕不能完成的著作终于完成了，并公之于全世界人士面前。他的信仰，在他入土之前传之于后世，使人类受益，也使自己名声不朽。他的独子文辛，在

※意大利文艺复兴时期建筑

比萨大学学习法律，毕业后娶了一位娇美玲珑的女子薛蒂莉为妻。伽利略希望不久即可抱孙子。这位老人祈祷着他的子孙能比他更光耀门楣，更有成就。

伽利略兴奋地阅读着致贺他新著作的来信。有些评论如果明显地偏颇或吹毛求疵，他则放置一侧不予理会。“我绝不再浪费我的精力回答这些攻击了。我的书受到最卓越学者们的称赞，他们认为这本书是本世纪最杰出的著作，这就够了。”他说。

但是，他很惊异，为什么罗马方面没有来信。诚然，他的朋友教皇乌尔班和他的一些顾问正忙于战争。基督教派的将军即瑞典的阿都发斯国王，赢得几次胜仗，这无疑使教廷人士忧心忡忡。罗马学院的人可能正为着最近意大利流行的恐怖瘟疫而发慌。这瘟疫使许多地方的交通和通信受阻。因为检疫的限制，《对话录》最近也没有办法寄往罗马；即使寄到罗马，收件人、送件人的收到与送达都可能会出现问题。伽利略想起一个送信孩子在从罗马到佛罗伦萨的途中因瘟疫变疯而死的故事，有些不寒而栗。听说，这个精神狂乱的孩子最后把邮袋的书信全部撕毁在他身旁。

在一个秋高气爽的早上，这位科学家正在他花园中的树下散步。他的体力未能允许他再去修剪树枝，因此他感到悲伤。医生警告过他，如果用力过度会造成更痛苦的伤裂。

伽利略坐在一棵他喜爱的橄榄树下的一个长着青苔的石凳上，顺便等待园丁的儿子。他当天一早便去佛罗伦萨办些差事，然后将一星期的朋友信件和儿子文辛的新消息带了回来。伽利略叹了一口气喃喃说道：“感谢上帝，让瘟疫放过我的孩子和他的妻子与小孩。但是，这孩子好像没有长进，他一直还不曾从我替他安排的政府小职员的职位升迁过；这孩子非常愚蠢，他期望着我替他还那些债务。他已不满足于我给他准备作结婚礼物的那所房屋。”文辛在前不久不常有的探望中曾提及建造一所较大的房屋，这样一来，他妻子家的人也可以一起来住。

伽利略正在想着这些不太愉快的事时，门咔嗒咔嗒地响了。园丁的儿子踌躇不前地站在那里。光线虽然很昏暗，伽利略仍看得见他手里拿着一大把信件。

伽利略高兴地问他：“你为什么站在那儿发呆？厨师在等着你买的蛋，我在等着你取回的信哩。”

那年轻人把信递交到伽利略

伸出的手中。伽利略这时才注意到这孩子脸色苍白，手在发抖。这孩子做错了什么事，害怕惩罚吗？一定的，他一向在这屋里是随便惯了的。也许这孩子不听话，偷偷骑着那匹白驴进城，在路上把驴弄跛了？或者——伽利略脸色也变白了——莫非这孩子去敲文辛的屋门时，门锁着了？文辛、他的妻子、孙儿女，都因瘟疫死了！

“发生了什么事？”伽利略焦急地问道。

这孩子恐惧地嗫嚅说：“先生……先生，我一定要告诉您……”

“我的儿子文辛怎么样了？他的家人？”

“我和他的夫人谈过话，她说他们都很好，感谢上帝，他们向您问候。但是，先生，请原谅我……”

伽利略在胸前画个十字，虽然把心放下了，却更是忍耐不住。

“原谅你什么？你不会是又丢了你的钱包吧，你篮子里都盛得满满的。假如你把我的驴儿骑坏了……”

“没有，先生。是比这还严重的事。原谅我带回来了坏消息。在市场里，我遇到——我不敢提他的大名，因为这是偷听到的……”

“不要提名字！是什么坏消息？”

“他看到我手中的这封信，这长长的信封，印有教廷的官衔。他和我一样，也不识字，他只是佛罗伦萨审查会的仆役，但他知道这封信。他昨天在他的主人桌上看到这信封，是刚收到的。他听到他主人说……”

伽利略努力控制他不断升高的恐惧，说：“你把这些食物送到厨房去，不要再提市场上听来的闲话。”

园丁的儿子转身，像是遵照吩咐去了，但他注意到主人全神贯注在读信，没有注意他的动作，他便躲在一片矮树丛后面。老人读过那单页的信后，把信丢在地上，本想站立起来，可是脚软无力，又跌坐在长着青苔的石凳上。

伽利略心中想到的第一桩事是，现在他要离开这里好几个月，假如不是永久的话，将不能见到玛丽亚。玛丽亚已被分派在修道院的药房工作，她的工作太辛苦，她已十分衰弱。院中病人也有被瘟疫侵袭的。假如他现在离开她，她可能活不了多久，即使他能回来，也不一定能再见到她。这封从宗教法庭来的信，命令他立刻前往罗马审判法庭报到，不得延误。

艰辛的挑战

伽利略的惊吓加重了他的关节炎的病痛，关节炎折磨得他几个礼拜无法起床。佛罗伦萨印刷商传言伽利略的《对话录》已遭禁印，如伽利略不能获得罗马方面的解禁命令，这书将不再印刷了。

医生要求他要完全的休息。医生说："即使你能旅行，在这湿气大、天气坏的情况下，长途行走也非常危险。瘟疫也正在猖狂蔓延，你如果在路上和这些患者混在一起，难免被传染，以你现在的衰弱状况，准死无疑。"

伽利略咆哮着说道："审判会叫我去报到，不就是判了我死刑吗?我还怕什么瘟疫?你为什么要阻

※走过中世纪的瘟疫、近代战火的现代欧洲城市

止我去与敌人作战?”

他企图起床，可是立刻又躺下喊痛。

医生恳切地说：“不是我要阻止你去，是你的病情需要休息。你该知道你已年近70，而多年来你一直都在生病。”

伽利略又另外请教了两名佛罗伦萨的名医，他们一致认为这种情况外出，的确是死路一条。三位医师一道去见审判会当局，审判会将这种情形向罗马报告，说伽利略自己愿意前来受审，但医方报告要求延缓。另外一位佛罗伦萨高级官员也写信给罗马当局说：“可怜的伽利略卧病在床，随时可能到另一世界报到而无法前来罗马。上帝说过：‘我不要求罪人死去。’”

审判会并不希望伽利略死在受审之前。这起诉既已发出，当局计划自行判决处理。受苦中的伽利略也知道，越是拖延对他越是危险。

卡斯特里写信给伽利略说：

“你的审判者最希望你不来罗马出庭，这样他们就可以公开宣告你的抗命和反叛……因此我希望你能克服体力和气候上的困难，将自己交给上帝，赶快来；我认为你有克服一切困难的希望。”

伽利略想尝试克服身体上的病痛而准备起程，但经受不住马车的颠簸，他感激地接受了大公爵派送来的担架轿子送他去罗马。临行前，他把家务安排就绪，写信给女儿，他虽被允许可以直接到配药室见玛丽亚，但他不忍看到女儿的眼泪，于是叫文辛带着两个孙儿女来山庄道别。他用手杖支持着走向火炉侧的一张舒适的靠椅上休息，文辛一家人到来的时候，他已无力坐起，只得回到卧床上。

宗教法庭宣布10月开庭，伽利略的这段恐怖、不安的生病日子，却一直延续至11月。黯淡无光的圣诞节就要到了，更让这位失去欢乐和不知所措的科学家感到苦恼。最后，佛罗伦萨传来罗马的命令，如果不立刻自动前来，当接受拘捕传讯。这一屈辱、卑鄙的威胁迫使伽利略和他的朋友、他的医生放弃休养主张，让他忍耐着病痛，由仆人抬上担架轿子起程。

整整3个礼拜，伽利略躺在担架轿垫上，心里被各种预感煎熬着，身体被病痛侵袭着。正月里从亚平宁山脉吹来的寒风细雨，刺骨奇痛，强壮健康的年轻人都不易忍受，更不用说这衰弱的老人了。这真是一场漫长而又缓慢的炼狱生活。

因为瘟疫仍然非常猖狂，伽利略等在近罗马边界处便被截停了下来，要等几个礼拜的检疫留守。这

※尘封的辉煌

一延搁加深了他的苦恼，行程已使他吃不消，如今，他真疑心自己是否能够活着到罗马。最后他们获准进城，他已衰弱得头晕目眩，连前来迎接他的朋友他都认不出来了。

1633年1月，第一个走近担架轿子和他握手的人是佛罗伦萨驻教廷大使尼柯里尼。伽利略前几次访问罗马时，尼柯里尼曾在他罗马的住所里热情地招待过他。尼柯里尼不是趋炎附势的小人，他拒绝了其他朋友不要迎接伽利略的劝告。他时常写信给大公爵费南度二世，劝说这胆小的统治者运用他的影响力照料伽利略。他甚至不怕引起教皇的不快，而不顾审判会的规章制度，和教皇讨论未来审讯的事情。

这位大使将伽利略接入使馆，安置他住在他以前住过的舒适的房间里，并由以前招待过他的人侍候他。尼柯里尼还亲手替他调配饮料，这一切使伽利略感激得落泪了。

伽利略告诉尼柯里尼说：“你待我这么好，好像我是你的父亲，我儿子也从来没有这样照料过我。我家里只有玛丽亚真正爱我。”他说着，想要坐立起来。“现在，我必须写封信给她，告诉她我已平安到达。”

大使轻推着让他躺下，并告诉他说：“我会亲自写信给她，你这时候一定要休息。”他指示佣人将厚厚的锦缎窗帘拉下，“你先睡睡。迟些时候，你精神好些了，我们再来谈谈我已经知道的有关审讯事项。”

第二天，尼柯里尼拉近一张椅子靠着壁炉，让伽利略舒适地坐着，他自己则坐在一张小绒凳上，两人开始聊天。伽利略迷惘地问道：

“为什么我的许多老朋友和同道人士都对我不满意?我知道多米尼克教派学者迟迟不能接受——其实是没有必要的担心——以为我的观念会损害他们的托马斯·阿奎纳士气，但其余的人为什么也沆瀣一气说我的不是呢?”

尼柯里尼不禁大笑着说：

“以你的智慧，在世上活了这样久，怎会问出这种天真幼稚的问题来?这些显要们上次热衷观看你的望远镜时，你的声名就已太盛。为什么很多对科学没有兴趣的人也参加到敌对你的那一边去了呢?”

说至此，他又凄苦地一笑说：“我小的时候，常到乡下我的保姆家去玩。有一天我惊恐地看到一群小鸡围着啄一只流血的母鸡，我问保姆道：‘为什么它们要啄伤这可怜的母鸡呢?’我记得保姆是这样凄凄地回答我的：‘孩子，鸡也和人一样，当它们发现它们当中的一只有困难时，会联合一起把它啄死。’”

“也许你是对的。但最使我感到不解的是，听说教皇陛下也转而反对我。你知道，他当主教时便和我有很好的友谊，曾写诗赞扬过我，甚至写给我的信，末尾也用‘你亲爱的兄弟’作称呼。如今……”

尼柯里尼打断他的话说：“这样说来，有关教皇变心的谣言并没有传到佛罗伦萨?我实在不愿再重述这种无稽谎言，但是，你也该了解一下，以便替自己辩护，这谣传早已传遍罗马每个角落。我个人绝不相信乌尔班教皇会降格到为这样一桩个人侮慢而公报私仇!但据说，他

认为你对他是严重地犯了亵渎神圣教会的罪。”

伽利略气急败坏地说：“我从来不敢梦想对乌尔班教皇有任何的冒犯啊!”

“不要激动，你必须面对这事实。我第一次阅读《对话录》，也没有那种感觉。后来，他们给我证据……”

“证据?”伽利略惊呼起来。

“你如果不沉着地听我讲，我就不再告诉你什么了。”大使警告他说，“对我来说，这‘证据’根本不叫证据。我是你的朋友，也许在替你说话。但好几位你的敌人，拿那一段文字给我看，说是你借傻瓜辛卜里西阿的口，说出教皇说过的话。”

伽利略呆住了，内心愤怒至极。他请尼柯里尼把那一段文字拿给他看。尼柯里尼按铃叫仆人把书拿来。这是一本皮面精装本，伽利略特为他这位亲爱的朋友订制的。

伽利略两眼直视着那本书，找到那要命的一句话。对一般读者而言，如无特别企图，绝不会认为这辛卜里西阿的话有辱上帝的至高权威。

尼柯里尼轻轻地解释说：“教

古韵欧洲

皇似乎认为你的确是引用了他说过的一句话。因此，你如果把这句话借辛卜里西阿这个角色的口说出来，那么这整个角色……”

“我可以发誓，用我的生命担保，我绝未听到教皇说过这些话，”伽利略插口说，“不！让我这样解释，因为我有幸和他有过很多的谈话，他也许这样对我说过。但是，在过去，我曾和许许多多明智的教会人士谈过话，也许我把它们混淆了。因此，假如能允许我向我的老朋友解释……”

尼柯里尼警告地举起一只手说：“绝不可提及我告诉过你的任何一句话，乌尔班教皇绝不会承认他是因为个人情感而对你的书发怒的。同时，他也绝不会接见你。请信任我，据说，你的敌人在教皇耳边说了几句话，说你把他说成像辛卜里西阿小丑般的模样。”

这项罪名实在令伽利略难以置信！伽利略越想越感震惊，教皇乌尔班八世居然相信他会这样不敬地讽刺他。

伽利略的最后一本著作，也是最为人所争论的书，是用一种对话形式写成的，里面有三个个性非常不同的角色。伽利略没有忘记对宗教法庭的允诺，著作中避免直接对托勒密和他的学说进行攻击，同时也尽量避免对哥白尼学说已成事实的辩护。从他的书名便可显示出他忠实地站在不偏不倚的中立态度上。

这三位轮流表示他们的“哲学和大自然理论”的人是：代表哥白尼学说门徒的沙维艾弟；代表心胸开放，对任何一个问题均能从各种角度去研讨的沙格雷多；另一角色是辛卜里西阿——无疑地，伽利略把这个角色描绘成代表与他敌对的人——一个一再引用亚里士多德的议论者，也是伽利略从学生时代就反对的一个人。怎么会有人相信，这一个小丑性质的保守人物，会是专门影射属于亚里士多德学派的某一特定人物呢？

伽利略抗议说：“我怎会有心影射教皇？这真是胡说八道！我是一个虔诚的天主教徒，拿什么理由来戏弄他？”

尼柯里尼也感到闷闷不乐。“这吓人的控诉刚开始被提出时，我也是这样怀疑。”他说，“现在，我们仅能期望，你女儿的祷告能让上帝把那些审判员的心肠软化。”

伽利略叹了一口气说：“但愿我能很快见到他们，这样悬疑的生活已经过得太久了，真是生不如死！”

修道院里的囚徒

伽利略在大使的豪华住宅里已待了两个月，这里其实也就是一所监狱，除了和尼柯里尼来往外，法庭禁止他在罗马和任何人接触、通讯，也不许他外出。这段长时间的休息使他恢复了一些体力。他常坐在走廊下欣赏3月里温和的阳光，重读着玛丽亚温柔的短笺，它总带了些希望给伽利略。

尼柯里尼来到他身边，知道玛丽亚给了伽利略无比的安慰，也知道修道院从院长到诉苦的佣童，没有一个不为久别的伽利略祈祷。

伽利略将信拿出来，说道："你来看，邮差刚给我带来了这封信。"

尼柯里尼细细地慢读，似乎是有意拖延一下他要说的话。

"你离开这里以前一定要先写封回信，"尼柯里尼说，"是的，你立刻就要离开这里。宗教法庭已有谕召传来。"

"他们要把我关进牢狱?"

"审判会的规定是，在实际审判期间，受审人必须住在多米尼克修道院内。你曾经去过那边，就是明内瓦教堂隔壁的那幢大建筑，"尼柯里尼不经意地继续说，"我会派一位我最信任的佣人侍候你。我已获准从我家里送饮食给你，还有纸笔文具等，让你有事可做，你不会感到是在坐牢。答应我，好好地、勇敢地生活，为了你自己，也为了许

名人名言

真理不在蒙满灰尘的权威著作中，而是在宇宙、自然界这部伟大的无字书中。

——伽利略

多爱你的朋友。”

伽利略默然地听着尼柯里尼的叙说。宗教法庭的程序从没有提过，以前受审过的人均必须保守秘密，但有些细节仍被泄漏了出来，伽利略全都知道，受审人永远见不到控诉他的人。通常，和民间法庭一样，他们采用最恶毒的刑罚以使犯人招供。他想到这些，垂下头来，手指颤抖地画了一个十字。

给伽利略居住的修道院住房，虽不能说是豪华，但干净、光线充足，不会叫人想起是一间囚室。房门没有上锁，侍者就住在隔壁，可随时应老人呼唤出入。每天都有人从尼柯里尼住所送来饮食和水果。伽利略平日虽喜欢这些在尼柯里尼家餐桌上的美食，但此时常常无法下咽。

伽利略到新居的次日，由侍者搀扶着顺着长廊慢慢地走上宗教法庭的审判厅。三个身着黑袍的法官坐在长桌后方，他们见到受审人十分衰弱，叫人搬了一张椅子让他坐着。伽利略现在孤独地面对三位审判者，没有一个护卫他的人在身旁。他抬头望见长桌后高悬的十字架。他错了，至少，还有一个朋友留在这里，他嘴唇抖动着在祷告。伽利略声音单调，机械地回答法官问起的每个问题。他已是一个年老的病人了，他曾经是有聪慧来观测星球的人，如今，他已经说话含糊，且常混淆不清。是的，他早已受到过警告，不要再传播哥白尼学说。不，他并没有用写作《对话录》来违背权威的意见，放弃自己的誓言。他只企图把那位天文学家的观点当成假设，而不是叙述出来。关于这一点，早先他和审判会员磋商过，并获得他们的认可，他们的代表人不是已经发出了出版这本书的许可证吗？

但是，他是否应允过检查人员的要求，答应在书里面的《前言》中要确使每一位读者不致误认为他是在替哥白尼辩护呢？是的，他回答说，他有应允过，他已修改过他的《前言》。法官问：“那么《前

黑暗中的灯塔

言》为什么和书体印刷不一致呢?是否表示这一部分与全书无关?”伽利略回答说：“《前言》的几页手稿扣在罗马检查人手中很久了，取回来时，全书已先印好，这是以后补印的，因此字体有异。”

他感到头晕目眩，身体战栗，双手紧握住坐椅扶手，但是没有倒下去。他回忆起有一次看到几个农家孩子向一只壁虎投掷石子，他为什么没有试图制止他们呢?他的敌人现在正包围着他，他感受到每一个问题都在敲打着他疲惫的脑子。这场审问最后结束时，他已无力从椅上站起来，他的侍者和另一名多米尼克助理修士搀扶他回到了床上。

第二天审问继续进行，伽利略被问及是否写过有关潮流事件?他说：“是的，在《对话录》中曾经提及过。”又被问及是否被警告过如不将这项陈述删除，就会被吊销出版许可证?伽利略反击说：“罗马首席检察官已看过，已通过……”是的，但那一位首席检察官员已因玩忽职守而被革职。

这几小时的审讯实在够可怕的，但更可怕的是在休憩的时候，伽利略躺在卧床上，臆测着宗教法庭可能给他的折磨。就在昨天，有一位法官，好像不能再忍耐，凶狠地说：“我们有办法叫一个持异端邪说之徒说话。”

伽利略记得很久以前，在帕多瓦的时候，他和一位多米尼克教士、天主教教会法博士，聚谈至深夜。他承认，和民间法庭一样，宗教法庭也常常犯错误，但他坚定地说：“一切规章仍是公正和仁慈的。举例来说，审判会对60岁以上的嫌疑犯，禁止施刑。”

这位权威也勉强承认：“当然，宗教法庭有时也免不了有滥用权力的地方，我担心，我们的法官有时会由于过分相信真理，而忘记本身所负的使命。”

这一位受审的悲哀囚徒是否曾受过拷打苦刑，我们无法证实。但是，在他所控诉的恐怖情形中，也曾经提起过一些法官的威胁言辞。

他们会把他拘留到他死去才释放他吗?伽利略悲痛地想着，或者，他会像布鲁诺一样在圣安吉勒的石牢中度过他的末日吗?他幻想着那残酷的现实，广场上充满着仇敌的面孔，受刑人站立在空地上竖立的一堆余焰未熄的灰烬中……

“啊，慈悲的上帝，啊，怜爱的圣母。”伽利略喊道，“不要让我想起这些恐怖的事情，不然，我要疯了!让我记住我的花园、我的工作室、我的观测台，那修道院墙侧的小凳，我和我女儿在那儿座谈，铃声响起她才应召起身去祷告。”

一天晚上，这位受惊的囚犯试图克服恐惧而回忆早先在罗马的光荣。他记得，彬彬有礼的耶稣会克勒非神父的热情欢迎；蜂拥喧闹的宴会中，宾客排队轮流看望远镜的情景；乌尔班教皇致赠的著名艺术家作品。突然间，伽利略记起佛罗伦萨圣马可教堂中的一幅壁画。这位画家安吉里柯，被请去罗马替教皇尼古拉五世装饰一间小祈祷室，三年以后便死去。

伽利略上次访问罗马时，曾到这位佛罗伦萨画家墓前致敬。他就是被埋在伽利略现在住处的隔壁教堂里。听说，碑上的拉丁文墓志铭小诗是尼古拉五世所作。他认真地思索了一番，回想起那首诗来：

亚披力斯荣耀属我，我无动于衷，

啊！我主基督，我把它奉献给你。

多斯卡尼花都孕我、育我。

我感恩上天；我的艺术永遗大地。

这些回忆使他平静了下来，但将近午夜入睡时，他又梦到布鲁诺的最后苦难。侍仆听到他的呼叫后，快速跑到他的床边。

伽利略告诉他说：“不，我不要什么。你回去睡吧，孩子，去休息。我真抱歉，我的噩梦把你打扰了！”

伽利略无法再入睡，他让自己沉静地、有条理地思索着。为什么审判会要费尽力量来打击一个真正的天主教徒呢？他从没有像布鲁诺一样叛乱过，他仍旧以教堂为母亲。一位母亲该了解、宽恕儿女的心。

随后一天的审讯，有更多的指控与更多的问题。

“伽利略是否由官方通知过，哥白尼的著作已被列入1616年宣布的禁书之中去了，从此信徒们不可以再研读该书？”伽利略回答：“当然。”但他也被通知过，哥白尼的革命经过某些小的修正后，经过4年

※佛罗伦萨小教堂壁画

的禁止后，已经开始解禁。

伽利略从三位审讯者询问的内容中知道，他们对哥白尼的革命一书及自己的《对话录》均已细心研读过。他知道他们是恶意地否认他所叙述的忠诚——他早期的写作已一再在这审判庭中反复引用。伽利略在该书中，无疑地认为哥白尼理论是两个系统中较好的一个。因此，伽利略已确信，这群宗教法庭人士已决心把这位佛罗伦萨人的学说永远消灭掉。

天主教史学家认为审讯伽利略的法官超越了他们的权限范围，审判会仅有权力裁决信仰与道德问题，而非科学问题。伽利略坚持信任哥白尼学说的行为并未违反他的宗教信仰或道德。但这些史学家也认为教会永远是正确的，只是执行人士有时难免会有差错。宗教法庭虽为教会的一支，但也不会比民间法庭好到哪里去的。

使伽利略整夜未眠、寝食不安的是，他真的对他的宗教信仰犯有什么罪吗？他将会受到什么样的惩罚？

伽利略只是以他对科学的公正态度说出了事实，仁慈的教堂圣母会残酷地对待它顽皮的孩子吗？不只是为维持它的权威，也为拯救犯错的罪人，使其肉体受苦才能使灵魂得以拯救。

伽利略一再警告自己，下次站在法官面前的时候，不要再动怒或反抗，如被指出错误所在，他要谢恩，接受应得的惩罚。原先的傲气，如今一扫而空，他知道这些惩罚很厉害。他不是一个无名小卒，他是欧洲最负盛名的科学家，他知道教会害怕其他学者效仿他。

但他仍祈祷着不要有公开的侮辱，这会使他在修道院的女儿痛心，更会使他的儿子和无辜的孙儿们含羞。

伽利略不止一次听到过，宗教法庭常会给犯人一丝假安全感。随后的一天，他没有被叫去法庭应讯，而是法庭派了一名法官来访问他。法官来到伽利略床边，满怀同情地像一个朋友似地坐了下来，没有威胁、没有指控，仅仅表示希望犯人能认识和放弃自己的错误。

这种随意的会谈经过了好几个小时，其中充满着陷阱，使伽利略不易招架，他心里计划着少说为妙。但是，说多了可能有助了解，不说反而可能被认为自己承认有罪。

晚上，他终于有些自由时间了，他勉强吃了些东西，也让热情侍候他的人感到一点安慰。

“你一整天都没有吃一口

食物，这是大使送给你的美味干果。这是一些野鸡肉。”侍者殷勤相劝。

“只要我能够做些体操，我原先的大胃口就可以恢复，”伽利略告诉他，“你带给我的食物足够给劳动的人吃一整天。来，过来帮我把这些吃光吧。”

“我不敢，先生。”

伽利略笑着说：“你不敢和宗教法庭的囚犯共餐?”

“你知道我不是这个意思，”侍者辩解说，“我是说，像我这样身份的人，怎敢和像你这样一个伟大的科学家同席!”

伽利略再次笑了。一瞬间，他眼里的疲惫暂时消失了，他想起了过去的岁月。

他说：“我记得，我第一次来罗马时，衣服褴褛，啊，很脏!那天早晨，我在路旁泉水边洗衣，将全身灰砂掸掉，但是，克勒菲神父请我吃早餐，这是我从未尝过的高贵食物。他既有学问，又爱施舍。我们共餐时，他的谈话像美酒一般让人陶醉。”他突然接着说，“现在，你坐下来和我一起吃吧，不要再说那些蠢话。”

※科学的发展证明了伽利略的伟大，伽利略在世界各地受到尊敬

※ 在教会的淫威下，伽利略放弃了自己关于地球运转的学说

餐桌收拾完毕后，侍者搀扶老人脱衣就寝。伽利略情绪不宁，无法入睡。他思前想后，心中充满着疑虑和恐惧。

3个礼拜的等待，心中煎熬，度日如年。法官如果想用这种方法把他拖垮，十分有效。有增无减的焦急使他血液沸腾。在被囚禁的第22天上午，他被召去法庭。临去前，他涕泪纵横，像一个小孩，紧握着侍者的手不放。

“我要再去见他们，要求我的法官发发慈悲，赶快判罪。像这样煎熬着一再拖下去，我实在受不了，我宁愿早些死去！”

伽利略没有再被讯问，宗教法庭宣布他的案子在复审中，他现在可以回到佛罗伦萨大使尼柯里尼的住宅去等待。

在尼柯里尼大使一个多月的关心照护下，这位科学家的体力恢复了很多。他写信给玛丽亚，而她的信永远带给父亲温暖的慰藉。他的视力已不如往昔，但他仍旧阅读、研究许多大使给他弄来的书。两人时常坐在花园中探讨各类事情。尼柯里尼大使虽告诉他，即使判刑也不会很重，但伽利略心中仍疑惑不定，而且常会梦见石牢和广场的火柱。

6月底，法庭再度召开。伽利略二度进入恐怖的法庭，墙侧的蔷薇盛开，映照成一片鲜红的色彩，刺激着他的眼睛。他感觉到这是个不祥的预兆。4月间他来这里的时候，蔷薇初绽，十分娇美，现在已经盛开，眼前一片火红的景象，砖石的小径上，洒满了花瓣，踏在上面就像是践踏在血浆中。他紧紧抓住侍者的手臂。

“勇敢些，先生，很快就过去了。”侍者安慰他说。

6月的时候，暑天炎热，一个修士助理走过来扶着伽利略在阴凉的走廊上坐好，并给了他一份文件。伽利略细心读完，脸色变青，侍者再次慰勉他要勇敢。

几分钟以后，伽利略站立在判决他的一群枢机主教、主教、教士、修道士之前。

他尽力挺直着身体走向这群法庭判官坐着的长桌前，桌上有两支蜡烛照亮着一本巨大的圣经。一位法官站立起来宣读判决书。

一句一句，一段一段，一页一页，冷酷单调的声音读着文内的问答。伽利略衰弱的身躯摇晃着，这时他已没有坐椅可支持。他抓住长桌的边缘，祈祷着，希望让这身心的苦楚赶快过去。

他听着过去两个月来从那些固执、绷紧着的口中说出的话，指责他附会异端邪说哥白尼理论，并且胆敢为其辩护；更斥责他不服从神圣教会的指示，顽固地传播那种学说……最后，宣读判决条文如下：

“我们判决：伽利略《对话录》禁止流通；判处伽利略监禁，期间由本法庭另议；并处分伽利略每周读7篇悔悟赞美诗，一共读3年。”

法官问伽利略是否愿意改过，伽利略茫然点头，自己也不知道自己做了什么。他只想逃避面前的这些脸孔，躺在床上把腿伸展，休息一会，然后睡觉。

“现在，弯下你的膝盖，把手放在这圣经上。”

伽利略费了很大的力气，将双膝下屈。一个修士将圣经拿过来，让他的手能触到。另一名法庭修士递给伽利略一卷纸。

“你现在开始朗读这份文献。慢慢地、大声地读，让制作这篇文献的全体法庭人员都能听到。”

伽利略视力模糊，将文件凑近鼻端。一个身着黄色披袍的修士怕他光线不足看不清楚上边的文字，于是将蜡烛移近伽利略。他脸上充满爱怜之情，并将另一只手抚在伽利略的肩上以示劝慰。

伽利略轻声说：“谢谢你，神父。”然后，他带着口吃的声音开始朗读他的誓言。

“我，伽利略，现年70岁，为佛罗伦萨公民，犯罪被囚，现跪伏天主教诸主教之前，我前面放置圣经，我用手抚着圣经，我誓言放弃、诅咒、摒绝那错误而荒谬的地球运转邪说。”

未完成的构想

伽利略试图从双重的囚犯境遇中拯救自己，他尽力回想他的许多发现和发明。

他深思着："我上一本书中描述有关落体的一章，谁会知道我最初原始的实验是单摆？比萨那位医生多么称赞我的脉搏计数仪！为此，他不是还赏了我一杯酒吗？一个小型钟摆、一只测量病人血脉跳动时间的钟摆。"

他纤弱的手跃跃欲试地要创造，他依然活跃的脑子已经在开始设计了。

钟表

有一天他把这件事情告诉了文辛。

"假使有人能将一只普通的钟配上一个摆，它可以走得更准确。这是一个平衡问题，这一点我以后会解释给你听。目前，市面上没有这种钟出现，这项发明，可以是一笔财富。"他知道，文辛对赚钱的事最热衷。

"但你现在怎么能够做呢？"

"假如你能招来一位聪明的机械师，我会……"

文辛讥刺地打断了父亲的话："让他把你的发明偷去？原谅我，爸爸，你从不曾做过生意。我可以抽出些时间来，你只要告诉我怎样进行，我会把图画下来，然后去找个技匠商量。每次只给他一部分观念，让他教我怎么做，然后我自己来做成这个钟。”

伽利略对这个计划表示怀疑，但他知道，说服文辛聘请助手到家里来是办不到的。从这以后他要文辛担任他的秘书，此时，伽利略书写信件已经越来越困难，有些信是写给欧洲著名科学家的，文辛总是推托没有时间。文辛只想把每分钟都用在谈论制造摆钟上面，他想在父亲死去以前把这项发明的模型先完成。

伽利略想，如果我能雇到一位秘书，不但可以整理我的大量来往信件，而且可以听取我这被人遗忘的学者的思想。在我的老学生中找一个来吧！但审判会能答应吗？我灵感上获得的新观念、新发明，如何才能使之记录下来，不被永远遗忘呢？

最后，佛罗伦萨审判会宣称已替伽利略找到一位可以担任他秘书的人，这位被选来的人很聪明，对他现在正思索的航行问题的研究很有帮助，伽利略很高兴。

这位新秘书雷尼瑞机敏聪慧，而且非常高兴能有机会替这样一位天才科学家工作，他甚至不理会审判会的怀疑。虽然他不能公开表示如此，但他相信伽利略在科学上受到的误解会有澄清的一天。伽利略也知道自己受到学生的敬重与爱戴。最令人高兴的是，雷尼瑞本身的学问以及研究成就，对年老力衰的伽利略来说，尚有多方面的辅助作用。

伽利略在给朋友的一封信里有过这样的慨叹：“我失明后，不得已必须找别人替我写、读。我的记忆力也因年龄而减退了，有时，我必须靠秘书将前面一句再念一遍才能说出我的下一句，不然，我会把一句话三番四次地重复不休。”接着他又悲恨地说：“你会相信我说的话，用自己的眼睛与手和用人家的眼睛与手相比较的最大差别，就好像是蒙住眼睛下棋！”

雷尼瑞既忠诚且有耐心和技巧，能将伽利略任何纷扰纠缠的口授语句，清晰地写下来。文辛注意到他父亲和这位秘书间建立了真诚的情感，他十分嫉妒这种情感。有一天他指责他父亲将摆钟的秘密告诉了秘书。

伽利略生气地告诉文辛说：“我有时真怀疑你是否真是我的儿子，脑筋那么笨，手脚更是迟钝。当我还像你现在的第一个儿子那么大时，我已会替弟妹们做有轮有轴的小引擎给他们玩。你该继续做那些修修补补的工作，这比你在茶楼、酒馆赌博安全和有用多了。我

可向你担保，我不会把那桩发明告诉雷尼瑞和其他任何人的，但目前我最感兴趣的，却碰巧是一些有关航行的观念，这不是你能懂得的。”

但是，文辛却继续监视着他父亲和他的秘书。最后，伽利略十分生气，他要求宗教法庭让他搬回阿克瑞特去住。

他说：“我来佛罗伦萨是为了接受医疗，但现在我已知道，医师早已无能为力。我愿回到我的小山庄度过我最后的日子。我要回到我的花园里散步，去墓地看我的爱女。”

审判会员问他：“由谁来照料你呢?”

“我的秘书，他已成为我的儿子。”

心怀嫉妒的文辛告诉审判会说，他父亲的话不可相信，但薛蒂莉撇嘴说：“我讨厌这整天的争争吵吵!”她引用一句格言说：“‘如果家庭里时常吵闹，就是罗马论坛那么大的空间也嫌太小。’让老人心平气和地搬出去，我们会常去看他的。”

文辛不再反对，伽利略获准搬回阿克瑞特小山庄住宅。他雇用了几个忠实的仆人，雷尼瑞小心体贴地侍候他。秘书的工作非常繁重，不久，另有一个年轻人维文尼，自动要求愿意不要报酬而来，帮他分担工作。

伽利略发现维文尼和他自己一样，出身于佛罗伦萨的一个世家，因时运不济，如今家中破落。这孩子曾跟从一个圣芳济修道士学习数学，并教给他所知道的全部科学知识，还劝他去请求让伽利略收为弟子。

伽利略无法公开教他，但每

意大利科尔诺山脚下的小山庄

※科学仪器

当不能入睡的长夜，他们就讨论数学。老人心中十分欢喜，有这样一位出色、聪慧的后起之秀，给他自己老化的大脑又注入了一股新灵感和挑战。伽利略从不刻意地夸赞一个学生，但在一次热情的冲击下，他告诉维文尼说：

“但愿在罗马的那群诋毁我的人也具有像你这样的几何知识，而你还很年轻。你在这方面的前途十分远大，但是，”他叹气说，“我不会再在此地庆祝你的成功了。”

这两个忠诚的秘书都可以参加伽利略摆钟的工作，但伽利略信守了他对文辛所做的承诺。

即将成为发明家的文辛，却越来越可疑。现在，他每周来父亲的住所很多次，并常带着薛蒂莉一道来，让她看守着门，不让人闯进来听到他对摆钟制造进度所作的报告。

伽利略有一次带着一丝迁就、耽溺的微笑对文辛说：“你为什么要那么急着把它完成呢？我从不知道你对任何事物有过这样长久的兴趣哩。”

文辛也以从未有过的一种温情向父亲诉说道：“我知道你认为我只是一个没出息的政府小职员。我也知道，你很伤心，你这唯一的儿子，有你这样一位声名赫赫的父亲，却没有一点成就。如果我能把这桩发明做成功，你会高兴再认我是你的儿子。”

伽利略倔强地笑了：“亲爱的孩子，愿你在天的真诚圣洁的姐姐替你说情。你实在比爸爸更会说大话。”

文辛受到维文尼温文有礼的感化，很幸运地从未与他发生过争吵。他也不去过问这陌生人的来由，而大公爵对伽利略的礼遇有加，也停止了审查会对这年轻陌生人的怀疑。因为现在，伽利略不再有护卫邪说学者之嫌。费南度二世对他的宫廷数学老师十分仁慈，他把宫廷藏有的好酒美食致赠伽利略，然后乘坐了他的镶金大马车直接到伽利略的小山庄来探视。审查会无意阻挠，无人怀疑大公爵是否有能力和伽利略或者任何其他人研究或讨论科学问题。

这位虽然有些懦弱却十分仁慈的统治者，从此常常到伽利略病榻前看望他，和他谈谈那长期战争的最近进展和一些宫廷琐事。有一次，维文尼提示伽利略服药时间到了，大公爵坚持要亲手喂他汤药。当天，薛蒂莉也正好在场，她早已被大公爵亲自来看望伽利略弄得兴奋紧张，这时，她竟大声叫她在花园中游玩的孩子们进来，看看他们祖父受到王族的款待。

据历史学家的记载，大公爵曾说过这句话："我只有一个伽利略。"他是站在当地最高统治者地位说这样的话的。

另外一个客人，在文辛的疏忽之下，曾闯进来要求访问伽利略。这是一位年轻的诗人，他自我介绍说他名叫约翰·弥尔顿（John Milton，1608—1674，英国诗人与评论家）。

后来，伽利略问起此事的时候，维文尼向他的老师描述说：

"他长得不高，但身材均匀，面容从容，并且看上去十分高雅。他曾告诉我们，在大学时他是有名的剑术高手。他有着长长的棕色头发，中间分开，两边拖到肩部。他就是那些我们见过的典型英国人，英俊，干净利落。我相信，我最记得的是他的眼睛，深褐、清澈、锐利如鹰隼。"

"说得好像是一位数学家！"伽利略评论道，"你说他眼如鹰隼？"他久久没有说话，秘书弯身接近伽利略才听到他说："我的眼睛以前也是这样。愿上帝永不让他知道关在牢笼里和生活在黑暗中的滋味。"

在很短的一小时内，伽利略和这位年轻诗人交谈着，两位秘书在旁静静地聆听着。听到伽利略在比萨学生时代的几则风趣故事后，这个英国人也描绘了一些他在剑桥教会学院读书的情形。他的一位最要好的朋友最近逝世了，悲伤的他写下了一首挽诗《赖西德斯》。

伽利略说："你很幸运，能将哀忧寄诸文字。我小时候也写些韵文诗，有些可能是诽谤性的，但都只是点到为止。当我的圣徒女儿死去时，我愿我能为她写一首挽诗或者至少一首十四行诗，可惜，我就是缺少诗人的天分。"

伽利略礼貌地很快把谈话转回到来访陌生人本身的写作上。他问他还写了什么别的诗，游历完意大利后，回到英国，计划做些什么。

※歌剧于16世纪末产生于意大利的佛罗伦萨，是一种将音乐（声乐与器乐）、戏剧（剧本与表演）、文学（诗歌）、舞蹈（民间舞与芭蕾）、舞台美术等融为一体的综合性艺术。图为音乐剧《歌剧魅影》举行23周年剧照

"我写过一个歌剧，叫作《司酒宴的神》，由贵族们表演，非常成功。剧情是表达邪恶的势力终必被纯洁和善良所征服。"

"站在一个天主教徒的立场上，这条宗旨我表示赞同。"伽利略暗中鼓励他。

"当然，当今世界上，尽管有许多冲突教义的事物存在，但道德定律只有一个。"年轻人回答得颇是自大。然后，好像是发觉自己是在向一位长辈说教，语气才转为温和，"老前辈，因为我要看的东西太多，在佛罗伦萨不能耽搁太久。在告别之前，我要感谢您给我的帮助和鼓励。"

"当然，你不是一个科学家，也不是诗人。"伽利略说。

"不是，我在剑桥专攻古典文学，但我也研究音乐和现代语言。"

"难怪你说的意大利语那么好听，不像别的外国人说得像杀鸡。"

"谢谢您的夸奖，先生，我费了不少工夫。我认为意大利语是语言中最可爱的一种。不，我甚至也不能被称为业余科学家，但是，我读过您的著作，也听过比我聪明的人讨论它，而且，"他的声音变得深沉而有感情，"我用您的望远镜观察过。"

"我愿我能将那晚所见到、所感受到的写成一篇抒情诗，"弥尔顿继续说，“我感觉到我是和造物主站在一起的，和他一起观看创造的神奇即第一次显现在不免一死的人类之前的创造。”

伽利略频频点头，对他的赞美词句很是感动。弥尔顿接着又说：

“这种卓绝超凡的思想可以融铸成一首伟大的诗篇；或者，乐园中亚当也是第一次举头观望到星辰的！”

访客站起来握住伽利略的手。

“我希望没有打扰您太久，使您疲劳，先生。”他愉快有力地说，“我如果根据这个题目写成一首诗，我会把它用意大利文写好送给您的。”约翰·弥尔顿绝不可能想到，在1/4个世纪后，他自己也失明了，他在他女儿面前口授写作《失乐园》，并引用了很多哥白尼学说。但当他如同鹰隼的目光落在伽利略的脸上时，他看到了死亡的爪痕，他无法说些轻松的话。

伽利略自己知道他的狱门很快就要开启了，他觉得这样也很好，虽有温暖情谊的门徒为伴，但他总觉得越来越孤单。

弥尔顿访问后不久，接着又有一个学者来访，进入他这在阿克瑞特的不合法大学，这些访客带给伽利略精神上很多安慰。托里拆利（Torricelli，1608—1647，意大利数学家与物理学家）对物理学已有过大量研究而且也出版了几本书。当他来访时，他热情地陈述对温度表改造的意见。伽利略患有关节炎的手指抽缩着，脸色发黑，显得很憔悴。但他说话的时候，声音里却没有嫉恨，只是一种对自己无助的深沉悲哀而已。他问道：“一个新的温度计？是从英国人弗拉德的发明加以改良的？这个，我不表赞扬，因为他是根据我的早期发明而制造的温度计，他忘记提起我的功绩了。”

“您什么时候做那个温度计的？先生。”

“好久以前，像是百年以前一样。让我想想……是在那些幸福的日子，那时我的手还无法配合脑子的时候。我常是整修了这个发明，然后又整修另外一个发明；我常是没有把发明做完。”

这年轻人急切地说：“请您告诉我，您的温度计是怎么个情形？”

伽利略按照记忆中的情形介绍道：“我将一支U形管的一端封闭，从开口的一端把水充进去，水将空气挤在封闭端的顶部。当温度上升时，被困的空气膨胀，因而将水往下推。温度降低时，空气收缩，水开始回升，从水平面代表的被困的空气容积就可以测量温度的高低了。”

年老的科学家叹口气说：“我敢用大公爵的大壶美酒和你打赌，年轻人，你一定没有听到过我的发明。我当时忙于购置模型，甚至忙得不会写封信给几位同行学者。没关系！现在你先说说你的观念。”伽利略很感兴趣地等他回答，但他这时已很疲惫，不知是否能集中精力聆听这位发明家说话了。

“我在实验中用水银代替水，因为水银在普通温度下不会冻结或蒸发。”托里拆利这样回答。

“好！”伽利略低语说。

托里拆利很高兴地开始讲他制作气压计的情形。

“我记得亚里士多德理论中‘自然无真空’的说法，使我获得水银而非水在管内上升的解释。我注意到水银高度每天变化不同。”托里拆利笑了起来，“我想，大自然不会像一个轻浮的少女，在这同一真空管子里每天有不同的表情。因此，我放弃了亚里士多德的说法，得到一个结论：水银柱高度变化是由大气压力变化引起的。”

他胜利地下了这个结论。在解说的同时，他画出了一个草图，但他没有听到回答。他抬头一看，这位欧洲最伟大的科学家竟然已经入睡了。

※木星的卫星又被称为伽利略卫星，它们就好似伽利略于空中望向地球上的人们

夕阳西下

这些年轻人虽然深爱这位老人，但伽利略仍免不了想念他的亲骨肉。他已无法看见他的女儿，而女儿也不再会想念他、接近他。这时，从慕尼黑传来消息，弟弟米盖和他的妻子以及几个孩子全死去了。

“他们以前来这里看我时，我该忍耐些，对他们好些才是。”伽利略如今埋怨自己，但是，他相信他不久也可以看到他们了。

他请来一个公证人，立下他的遗嘱。他把一小笔年金赠给了女儿，他知道她没有什么需要，但伽利略这最后的表示可以让这位冷漠的女人知道他并不曾忘记她。其余一笔不小的财产全给了儿子。他要求下葬在靠近父母在圣克罗切教堂附近的墓地。

公证人扶持着老人颤抖的双手在遗书上签字，老人已泣不成声。他心中在想：“我如果眼睛能看见，我要再端详一次另一个老年人的一幅杰作——圣母俯视死去儿子的绘画。”

他心力疲惫地伏在枕上。他的宇宙，缩小成一间黑暗的屋子，马上又要缩成一个更小的牢笼，比玛丽亚常跪在前面为他祷告的牢笼更小，和她最后休息的地方一样。他知道她不会在那里，她是安全地住在一个人类眼睛从未见到过的一处宇宙球体上，在替他恳求上帝进入她所在的永久和平的乐园。

佛罗伦萨的名人、贵族、宫廷不断地关怀、问候伽利略。罗马教皇乌尔班写信祝福他曾爱过的朋友。文辛在念着羊皮纸上盖有独一无二的教皇玉玺的慰问文件时，伽利略似乎没有在听。文辛把它叠得妥妥当当，珍藏起来，当成父亲留下的荣誉遗产。当薛蒂莉俯身对她公公询问是否要去请一位教士来的时候，伽利略似是已懂得，点头表示乐于接受教堂给他的最后一次安慰仪式。

1642年1月，欧洲战场上基督教和天主教徒仍在作生死之战。在意大利，这一位78岁的疲惫战士正和死亡作最后的一战。

伽利略的双手用力拖拉着床单，眼睛睁开了。文辛吓得后退，他想起父亲的眼睛，可能是复明了。

垂死者的目光仍无法穿越黑暗的屋子。他心里在想，教士已替他忏悔，他已获得饶恕，他可以平和地去了，但他觉得还没有准备好。

一个人能有准备好的时候吗？他静寂地苦思："我如果仍在盛年时期，有着青春的活力，憧憬着为我的伽利略世家带来财富、荣誉，我一定能和死亡奋战。现在，我老了、跛了、瞎了，但如果我还能挣扎得久一点，一年、一个月或甚至一个礼拜，让我教会文辛，把那只摆钟完成。

"我的脉搏已跳动不定。我如果有我的脉搏测量计，我那一件钟摆，是啊，就是从那天在大教堂开始，当我看到那悬挂着的吊灯时，我知道我可以驳倒亚里士多德。现在我必须停止工作，做出一个测时用的钟摆。但那圆圈还没有画完，我的工作还没有完工。还有许多的记录，那些有关震荡的篇章。是的，主啊，一个人工作了差不多60年，最后仍要强迫他离开，在工作台上留下那些散乱的工具和没有完成的工作，像是一个学徒急着要去度假似的。

"但我也该满足，我常想寻找真理，我已在许多地方找到它了。我只有一次误入歧途。主啊，您曾在十字架上受苦，您的苦痛巨大，但您能忍受，因为您是上帝。我只是一个凡人，一个俗人。我想起火刑柱上的布鲁诺，我复诵法官叫我念的字句。

"主啊，您知道我的悔恨和羞耻。从我违背真理开始，我便一直祈求您的饶恕。我该接受应得的惩罚，也许，您叫我失明，就是要我接受您的惩罚。我偷看了您布满天空的奇景，您曾命令世人不得窥视您在天空创立的奇景。

"我应该受到的惩罚可以结束了吗？主啊！回到您的世界，我可以恢复我的视力吗？您会允许我继续研究那些星球吗？……"

"他平静地死去了。"文辛告诉维安尼，他迟到了一会儿，还没来得及向老师道别。

"他的手不再在失明以后的暗中摸索，他脸上不再有受伤和迷惑的不悦。没有，他带着微笑、自信、没有害怕。我有一阵子感觉到，会有奇迹出现，他会复明的。"文辛说道。